寫給渴望愛情
而流淚的妳

「想被愛」
「渴望得到幸福」
「想被喜歡的人喜歡」
「希望對方發覺真正的自己」
「戀情總是告吹」
「對未來充滿不安」
「想要步入禮堂」

這本書，
就是幫助妳讓愛成真的「魔法書」。

讓妳永遠被愛包圍，
成為讓人一見鍾情的女性。

神奇的戀愛魔法，
箇中奧祕將傾囊相授予妳。

現在就用妳那美麗的手指，
翻開每一頁吧！

過去對戀愛毫無自信

在某一個地方有一個女孩，害怕被身邊的人討厭，於是不敢說出想說的話，總是自己受委屈，每次站在男性面前都會很緊張。

這一天終於有異性向她提出邀約

有一個住在附近的男生，感覺很不錯。約會幾次之後，男生向她告白了，那天晚上，她躺在床上心跳個不停，覺得「我的人生終於要開始了！」

沒想到半年後，
對方用一封簡訊就把她給甩了

後來，對方的態度越來越冷淡。深夜她一個人待在家裡，卻格外感到空虛，眼淚不停地往下掉，感嘆：「為什麼兩個人會走不下去，難道自己再也找不到幸福了嗎？」

小時候讀過的繪本裡，最後王子都會發誓永遠愛著公主，二人從此過著幸福快樂的日子。女孩一直期待著，這種故事會發生在自己身上，可惜並未實現。

看來在這世界上，根本不存在夢想與魔法。

有一天，她發現了一本神奇的書

　　這本裝幀成魔法書的書裡頭，寫著幾句能讓戀情成真的咒語。念出來給自己或男生聽之後，戀情就會一步步實現。

念出愛情咒語——

　　沒想到效果如此驚人。對著男性友人念出咒語之後，對方的表情馬上就出現變化。對方握住了她的手，用真誠的眼神訴說著：「我對妳有特別的感覺！」

在這瞬間，
女孩聽見了人生樂章響起

　　時光似箭，日月如梭。至今已經遇到好幾名真誠的男性向她坦露愛意，後來她與當中格外優秀的男生，幸福地共度人生。

　　當然這只是其中一個真實案例。這本書已經運用相同方式，引領了許多女孩走向幸福。

　　美好的故事，接下來即將發生在妳的身上，妳已經意識到手中握有這本書之後，下一個得到幸福的人就是妳了嗎？

這世上有許多戀愛技巧
其中愛情咒語最能輕鬆讓愛成真

愛情咒語就是讓愛成真的咒語。只要學會本書介紹的幾句咒語，直接向對方念出來即可 —— 這樣一來愛情就會成真。

就像施了愛情魔法一樣，他的反應將會有所不同。聽見他在妳耳邊呢喃著「我想妳」、「我愛妳」、「非妳莫屬」、「我好像喜歡妳」的日子即將到來。

施展愛情魔法
讓妳像灰姑娘一樣

只要在睡前或閒暇時刻翻閱一下這本書，很快地妳就會成為戀愛高手。

如同在學習英文會話一樣，透過具體的片語隻字，不知不覺間妳就會懂得「必須做什麼才能獨占他的心」。總有一天，妳會對自己的變化驚為天人。

而且除了他以外，妳還會得到其他人的關愛。因為讓他愛上妳的方法，也會讓妳備受身邊的人喜愛。妳要不要開發出真正的自己，和任何人都能談笑風生呢？

魔法其實就是
最新的心理學

不管他和妳發生了哪些神奇轉變，愛情咒語終究並非占卜或魔法，其實只是一種心理學。

這本書裡的愛情咒語，全都是以最新的心理學為基礎——綜括愛情心理學、愛情指南、催眠療法、NLP、神經語言學與心靈魔術各方面。

換言之，就是將諮商師在治療心靈創傷及精神疾病患者的技巧，應用在愛情上頭。

每翻開一頁，妳就會聯想到許多戀愛高手，以及在工作上必須吸引異性的人，一直都很自然地說著類似愛情咒語的台詞。

用心理學的方式重現他們說過的話——強化話語的力量——這就是所謂的愛情咒語。

當然妳也可以腦筋一片空白單純念出來就好，完全不需要擔心什麼，因為最新的心理學將會助妳一臂之力。好好放心吧，愛情將超乎妳想像地輕鬆實現！

念出愛情咒語
幸福路上不再彷徨

> SCENE 01　做自己並讓愛成真的愛情咒語

> SCENE 02　相識後讓對方愛上妳的愛情咒語

> SCENE 03　約會後讓對方更愛妳的愛情咒語

> SCENE 04　催化感情讓對方成功告白的愛情咒語

> SCENE 05　讓幸福關係延續的愛情咒語

> SCENE 06　促使對方求婚的愛情咒語

\ 遭逢意外的時候 /

> SCENE 07　幫助分手＆復合的愛情咒語

請別談戀愛談到
自己都討厭自己

妳想不想談一場會更愛自己的戀愛？

總是責怪自己戀愛失敗；痴等對方聯絡；被對方呼之即來揮之則去，一直掏心掏肺；因對方的言行舉動而受傷，不該放在心上的卻難以割捨 —— 希望妳別再回到那種終日以淚洗面的日子了。

這本書將會告訴妳在別處找不到的祕密，請妳好好去發覺。展開幸福愛情的機會，就掌握在妳的手中。

用妳那美麗的手指翻開扉頁
愛情魔法即將展開！

這本「魔法書」，是專為妳而寫的。

每翻開一頁，肯定會讓妳感覺戀愛及人生即將展開。因為這本書要教給妳的真正魔法，已經帶領無數女孩通往了幸福 —— 妳是不是十分期待呢？

請妳馬上將這本書的祕密魔法據為己有吧！

CONTENTS

010

SCENE 04
催化感情讓對方成功告白的愛情咒語

SCENE 05
讓幸福關係延續的愛情咒語

SCENE 06
促使對方求婚的愛情咒語

SCENE 07
幫助分手&復合的愛情咒語

結語 252

設計／藤崎KYOUKO 插圖／Spin

施展愛情咒語前有

7 項約定

≡ 1 ≡

見對方之前要先想像一下

　　施展愛情咒語的時候，請具體想像一下整個情景。從施展咒語時的氛圍、他當下的反應，甚至念出咒語前後的一舉一動，都要事先預想清楚，如此一來在正式上場時才不會太緊張。事前還要實際發出聲音念出來，這點也非常重要。

≡ 2 ≡

調整成適合妳的風格

　　愛情咒語不必一字一句照本宣科，書中所言只是基本範例。請試著調整成妳習慣的用詞，一樣能夠看出效果。而且搭配上妳個人的特色，更能使愛情咒語有效發揮出來。

≡ 3 ≡

記下三個愛情咒語再出門

　　就像學校考試一樣，妳不必將所有的愛情咒語記下來。和對方見面之前，背下三個當天適用的愛情咒語再出門即可。

　　和他在一起的時候，務必做到將背下來的一、二個愛情咒語施展出來。不必勉強自己將所有的愛情咒語全念出來，就算只能施展一個愛情咒語，也要好好獎勵一下自己。

4

試著念給目標以外的男生聽

　　首先要練習一下，對著其他男生施展咒語。除了向對方求愛的愛情咒語之外 —— 念出來不會覺得奇怪的愛情咒語 —— 都可以對著家人或朋友念出來。其實愛情咒語在各種場合下都能使用。

5

施展其他章節的愛情咒語也無妨

　　只要了解目的為何，某一章節的愛情咒語也可以在其他章節的時機點下施展出來。請將各章節設定的場合，當作參考就好。

6

愛情咒語「輕鬆」念出來即可

　　愛情咒語「如何念出來」，也是很重要的一環。無論用詞再正確，但是太小聲或是照本宣科的話，有時是看不出效果的。

　　最好要用生動的表情和語氣念出來，所以第一步就是要放輕鬆。深呼吸後，將全身力量放鬆 —— 包含臉部、舌頭、胸部及內臟 —— 全身都要放鬆。

7

需要鼓起勇氣打破規則

　　完全無視本書的規則也無所謂。當妳認為有必要無視且具有效果的話，儘管無視倒也無妨。妳要不惜一切，讓愛成真。

SCENE

01

做自己
並讓愛成眞的
愛情咒語

首先要向自己施展魔法。

對著自己施展愛情咒語，讓自己更有自信，
才能成為「真正的自己」，讓愛成真。

獨處的時候施展愛情咒語，可以放聲念出來，
也可以在心中默念，還可以寫成筆記，隨時復習。

本章節是用散發「希望」香氣的魔法墨水寫成。

妳有察覺到宛如四月春陽的芳香了嗎？
翻閱的同時感受一下身心變化吧！

不曉得妳是馬上感受到變化，
還是哪天重讀時才會有感覺。
但妳一定會在某一刻領略到若有若無的香氣及變化。

墜入愛河之前一定會感到害怕。
這種時候更要懷抱希望施展愛情咒語。
不知道妳的希望會散發出怎樣的香氣呢？

LOVE SPELL
≋ 001 ≋

我是爲了得到幸福才會誕生於世。

可以做好心理準備
去擁有幸福

＊ 用 法 ＊

讓愛成真之前，必須先做好心理準備。

要施展愛情咒語時，妳要提醒自己慢慢吐氣，並將全身力量放鬆。全身放鬆再施展咒語，才能在內心深處產生作用。也可以一面伸展手腳，一面將咒語念出來。

每次施展咒語前後，妳要好好地留意內心會出現怎樣的變化，請體會一下前後的差異。

相信在某一天，妳會發覺心情出現了轉變。當周遭的人見到妳被幸福的感覺層層包圍時，妳覺得他們的反應會有怎樣的變化呢？

✳ 魔 法 的 祕 密 ✳

這句愛情咒語是一種強大的自我暗示。

想要讓愛成真，關鍵在於自己秉持這樣的心態。如此一來，妳才能化為行動得到幸福。因為愛情必須積極主動才會滋長。

是時候告訴妳心中的「膽小鬼」，妳是為了得到幸福才會誕生於世 —— 這點乃不爭的事實。想要擁有幸福，接下來只需要做到幾個步驟。

試問，妳是否總是認為唯獨自己沒資格獲得幸福呢？

這句愛情咒語，請妳反覆多念幾次。妳絕對值得擁有幸福，妳是為了得到幸福才會誕生於世，所以妳可以努力去得到幸福。

現在妳是不是察覺到了，原來幸福就在妳身邊？

━━━━━━ H I N T ━━━━━━

一個人也要活出幸福

幸福不像聖誕禮物，無法從別人手中得到幸福，否則就是將人生主權委以他人。其實一個人也能活出幸福 —— 重點在於 —— 要好好經營自己的人生。唯有各自都能活出幸福的一對男女相遇之後，兩人的關係才能長長久久。因為幸福全靠自己創造。

LOVE SPELL
002

在這世上
我是獨一無二，
遠比鑽石更有價值。

發現自己的價值
找回自信

✳ 用 法 ✳

在日常生活中施展愛情咒語，會讓人更加勇往直前。

在聚會場合、工作、讀書的考驗或約會，只要施展咒語就會勇氣倍增。想為自己充電或是提升鬥志時，這句咒語會十分有幫助。

妳要充分咀嚼自我價值，再念出咒語。

當妳由衷理解這句咒語的涵義再念出來時，對這個世界的看法就會不一樣。包含周遭人的反應，還有妳自己的感覺——說不定現在就已經開始發生變化了——相信妳會感覺到不同。妳即將見到全新的自己！

✳ 魔 法 的 祕 密 ✳

這句愛情咒語不過是在描述事實。

因為這個世界上只有一個妳。妳的存在無論在未來還是過去，都是天下無雙。總而言之，這世上任何一顆寶石，都不及妳寶貴、有價值。

妳明白這一點有多了不起嗎？

承認自己非常了不起，這麼做對妳自己才公平。至少，妳不必急著想像別人一樣。

妳要反覆念出這個理所當然的事實，讓自己相信，這點尤為重要。

光憑妳存在這世上，便足以證明妳的價值，我們往往會忽視這點事實，所以要再次確認才能找回自己的人生。

唯一關鍵是要好好磨鍊妳自己，才能發出格外閃耀的光輝，因為妳是遠比鑽石更有價值的寶石。

─────── H I N T ───────

向閃閃發光的人學習

想讓寶石耀眼爭光，最快速的方法就是接近現在閃閃發光的人。妳不必去模仿，而是要參考，遇到好奇的事情直問無妨。日後的某一天，再請妳好好指導未來想顯露頭角的人「如何讓自己閃閃發光」。閃閃發光需要學習，妳也可以傳授給其他人喔！

LOVE SPELL
003

我真棒！

在日常生活中
培養出最棒的自己

✴ 用 法 ✴

這句愛情咒語平時就要多念幾次！

舉例來說：「在紅茶裡加牛奶的我真棒！」「煩惱不知道買什麼東西的我最棒！」「走在車站裡的我真棒！」「擦桌子的我最棒！」

秘訣是要像口頭禪一樣念出咒語。不管做什麼事，即便是芝麻小事也都可以念出來。其實在微不足道的場合施展咒語，才更有意義。

這會讓日常生活看起來截然不同。妳要變成最棒的妳，讓最棒的愛成真！

✳ 魔 法 的 祕 密 ✳

這句愛情咒語能讓妳更有魅力。

日復一日當中，妳會發現妳已具備勇往直前的行動力。越常念這句咒語，妳的人生將越發閃耀，周遭人的反應肯定也會發生變化。

大家都明白一點，光是活在這世上就已經很不容易了。

在這樣的世界裡，無論多麼微不足道的事情，能夠辦得到就是很了不起的事。正因為如此，更要肯定這點事實──妳是最棒的──好好讚美一下自己吧！

每次遇到事情的時候，我們都會喪失自信。

但是即便失去自信，也希望妳能施展這句愛情咒語。咒語的效果會在妳念出來的瞬間展現出來，讓妳在某個當下真實體會，一切操之在妳。相信妳會有靈光乍現的感動。

為了這種時候，請妳將咒語念出來吧！想要讓愛成真，就要讓自己成為「能讓愛成真的人」。

─── H I N T ───

愛情就從向自己施展魔法開始

讓愛成真，意味著希望對方發生變化，因為要讓對方從沒感覺變成喜歡妳。不過想要改變他人的時候，第一時間自己必須改變才行，所以為了讓愛成真，一定要好好努力讓自己改變。害怕改變也沒關係，就算害怕改變，還是可以一邊讓自己改變。因為在一成不變下，還是可以出現變化喔！

LOVE SPELL
004

別擔心，
重要的是從現在開始
要做什麼。

不知所措時能獲得勇氣
得到啟示

＊ 用 法 ＊

對人生感到迷惘時，就念這句愛情咒語。

譬如走不出過去的陰霾，或是受困於現下的狀況及感情的時候，就像洞窟盡頭浮現的光芒一樣，妳會獲得突破困境的勇氣和啟示。

同樣地，妳也可以對著手足無措的人施展這句咒語。

請妳試著想像一下，當妳施展愛情咒語之後，心事重重的對方表情會出現怎樣的變化？對方是不是突然勇氣倍增，看起來就像有所領悟的模樣呢？

這句愛情咒語就是隱藏了如此強大的效果喔！

✳ 魔 法 的 祕 密 ✳

這句愛情咒語是為了讓妳「接受現實」、「關注未來」，這兩點都非常重要。

為人生或愛情感到迷惘時，要告訴自己「別擔心」，首要之務就是接受事實。多數時候，只是像咖啡灑在桌上 —— 所以擦乾淨就好。

就像過去凡事都會化險為夷，從現在開始，妳也一定會轉危為安的，對吧？

同時，妳也沒必要對已經發生的事情感到懊悔，不必讓自己一直沉浸在負面情緒當中。

最重要的是好好思考「未來」的事情。

坦白說，人生唯一重要的事情，就是從現在開始要做什麼。因為我們的時間只剩未來了。

想得到勇氣時就念這句愛情咒語。相信妳會感覺到，從內心深處如泉水一般，逐漸湧現出妳需要的一切。

H I N T

迷惘時想想未來

舉例來說，假設妳找到了被土石流掩埋的人。此時最重要的，並不是追查先前「為什麼會發生土石流」，現在也不能沉浸在「遇上麻煩備受打擊」的情緒裡，應該要馬上救援被埋住的人。相信這樣的想法，在人生許多場合都會派上用場。最重要的是，接下來要做什麼。

LOVE SPELL
005

先假裝有自信的樣子再說。

026

跨出自信滿滿的第一步

✳ 用 法 ✳

想擁有自信就念這句愛情咒語。

很想好好談場戀愛，讓人生過得幸福美滿，但是有時就是會缺乏自信，感到無能為力。不過人只要有自信，就會努力達成目標。

在這種時候，首要之務就是希望妳施展咒語。同時將後背挺直，胸口張開，臉往上抬，還要一副很開心的表情，並且要將動作放大，音調也要上揚。

接下來在施展各種愛情咒語時，也許有些人會擔心，「不知道自己做得好不好」。在這種情況下，也請務必想到這句愛情咒語。

✳ 魔 法 的 祕 密 ✳

怎麼做才能培養出自信呢？

看到身邊充滿自信的人，妳一定很羨慕吧！也許妳也曾經煩惱過，不知道如何去接近這樣的人。

但是其實周遭看似自信滿滿的人，也未必真的擁有十足的自信。我們看不見對方的內心，所以他們只是沒被人識破而已。

為什麼這些人會看起來自信滿滿，理由很簡單，因為他們只是「看起來」有自信。換言之，他們會透過姿勢、動作、表情、語調等，扮演一個「很有自信的人」。

問題只在於「如何表現出來」，與內心的想法無關。

只要假裝有自信的樣子，妳在周遭人眼中看起來就會很有自信，於是大家就會認為妳是自信滿滿的人。自信就會在這樣反覆操作下逐漸成形。試著從模仿開始做起吧！

H I N T

稱讚一下假裝很有自信的自己

　　已經能夠裝作有自信的模樣，或是培養出自信之後，就要好好稱讚自己一下。比方說妳手中握有這本書，這也是做了一件很棒的事情。因為妳為了讓愛成真而付諸行動，妳已經為了培養自信踏出偉大的一步了。意識到這點事實之後，請妳好好地讚美自己一下，因為妳已開始轉變。

LOVE SPELL
006

處處被動 不會改變人生， 主動才會。

告別被動才能
享受人生

✳ 用 法 ✳

墜入愛河之前一定會感到害怕。

諸如找對方說話的時候、傳送簡訊之前、約會聊天的時候、告白的瞬間等等，都會害怕失敗而受傷，於是什麼都做不了——這種時候更希望妳能施展咒語。

踏出改變人生的一步吧！

每次念出這句愛情咒語時，妳心中一定會感覺到，為了生存下去於是想法開始慢慢轉變了。

妳要試著正視這樣的預感。因為這是學校還有大人不會教我們，讓人生變快樂的祕密喔！

✳ 魔 法 的 祕 密 ✳

每次談戀愛，就會擔心被對方討厭或被對方拒絕，於是就很想逃避主動接近他的機會。

這種時候，我們總是會變得被動。

如果可以的話，希望對方主動來跟自己攀談，主動提出邀約，希望對方能討自己歡心，等對方向自己告白 —— 就像在等待白馬王子選擇自己一樣。所以面對這個世界和其他人，就只能被動地做出反應。

但是嚴格來說，對方並不會為了妳採取行動。

無論在何時，最重要的還是妳主動，由妳踏出第一步。記得做好心理準備，承擔一切風險及責任。如此一來，未來才會有幸福在等待著妳。

請妳要騎上白馬，朝著王子前進。不要被動等待，而要積極行動！

H I N T

主動的勇氣會拉開差距

妳身邊一定也有讓愛成真的女性，現在妳也許十分羨慕她。但是她們都只是在某個時間點，擲很多次骰子並做決定，即使害怕卻還是能勇於付諸行動。而妳和她們的差距就僅此而已。這樣一想的話，說不定會讓人鬆一口氣。不知道妳是否發現，下次就是輪到妳來擲骰子囉！

LOVE SPELL
007

即使出賣靈魂
給惡魔也要
讓愛成真。

讓自己想要什麼就有什麼

✴ 用 法 ✴

在愛情面前變膽小時，就念這句愛情咒語。

我能體會一談戀愛就會手足無措的感覺。在這樣的恐懼之下，人都會覺得「自己無法談戀愛」、「多學一點再來談戀愛」、「現在不是談戀愛的時候」。或是在自己心儀的男生面前，總說「主動也追不到對方」、「希望能遇到自然而然在一起的人」，藉口一堆。

這種時候更要念這句咒語——打定主意被惡魔欺騙也要談戀愛。妳會發現其實妳一直渴望愛情，而且妳能擁有愛情，一點一滴感受到自己的變化。

＊ 魔 法 的 祕 密 ＊

為什麼總是只有她一直很受歡迎？

先從結論說起，無論好壞，在愛情路上一帆風順的女生，都會正視自己的欲望。

過去我們一直被教育成不能貪心；不能想要遊樂園商店裡的鑰匙圈；不能想要鄰居小孩手裡的可愛原子筆；不能像電影場景一樣出國旅行。

結果在人生的任何時刻，總是會對欲望心生罪惡感。最後甚至避免為了設法得到某物而努力與學習。

但是我們已經長大了，一切都可以自己作主。想要什麼，就要想盡辦法努力獲得。沒有察覺到這個如夢般的事情，實在是一大損失。

妳可以想要更多——因為妳會得到。說不定現在妳所需要的，就是這樣的覺悟。

H I N T

為什麼欲望會讓人感到害怕？

欲望會讓人感到害怕的心理現象，可以深入探討出一個結論：「因為想要卻無法實現的時候，會使人受傷」。比方說會讓自己深感能力不足，或是被周遭的人否定，甚至會被人嘲諷自己根本得不到。因為難受，所以才會排斥。當然要擺出一副不想要的表情，或是不服輸地堅持到底，這都是個人的自由，不過還是希望妳能夠選擇幸福。

LOVE SPELL
≋ 008 ≋

戀愛並非主餐，
只是甜點。

避開沉重戀情
以免迷失自我

＊ 用 法 ＊

快要墜入愛河時，就念這句愛情咒語。

妳要明白一個道理，愛情確實很美好，也是人生中的精華片段，可是除了愛情之外，人生肯定還有其他快樂的事情。

同時請試著思考：「在我人生中將會出現怎樣的主餐？」

最重要的是，我們並不知道未來只會出現一道主餐，還是像氣泡一樣冒出許多主餐來。這些主餐才是妳人生中的主題，而戀愛不過是甜點而已。

✳ 魔 法 的 祕 密 ✳

我們總會不自覺將愛情當作人生的全部。

譬如一整晚等著對方打電話來；休假日為了男朋友整天空著；不顧工作或學業將心思全花在愛情上。完全無法想像人生中少了他會怎麼樣。

如此變成了所謂的「沉重的愛情」。

但是仔細想想，妳還可以和親朋好友來往；在工作上獲得肯定；出發去期待已久的旅行；全心全意投入興趣當中；朝著夢想勇於挑戰。妳的人生只為了愛情而活的話，實在太浪費了。

一面體會這些人生樂趣，同時享受愛情，如此游刃有餘的妳才會更有魅力。

這樣的妳才會有愛情從天而降 —— 就像吃完全套西餐才上甜點一樣。妳覺得這樣的完美全餐會有多美味呢？

─────── H I N T ───────

沉重的愛情並非壞事

千萬不可以厭惡沉重的愛情，這只是「不成熟的愛情」罷了。成長過程中，從來沒有人教我們如何談戀愛。所以當我們突然落入愛河時，才會手忙腳亂，不知道如何是好，一味地沉浸在愛情當中。這並不是要指責誰是誰非。從現在開始學習，愛情觀才會變成熟，請一步一步慢慢學習。

LOVE SPELL
009

戀愛就從了解眼前的
對象開始。

吸引愛情
就會得到喜歡的人

＊ 用 法 ＊

想談場戀愛的時候，就要念這句愛情咒語。

有時候雖然想談戀愛，卻又覺得沒有認識其他人的機會，或是沒有喜歡的人、害怕男性、不知道喜歡人是怎樣的心情。這時候更要念這句咒語。

還有去和別人見面前、參加認識異性的活動前、感覺約會很無趣的時候，也都可以念這句咒語。

這句愛情咒語，肯定會讓妳對愛情以及男性的心態變得不一樣。對於接下來想步入愛情的妳來說，這句咒語將成為新的指南針。其實愛情很容易就會發生喔！

✳ 魔 法 的 祕 密 ✳

如何遇到一個喜歡的人？

只想守株待兔，肯定是行不通的。想要自然而然喜歡上一個人，這樣的對象並不會自己送上門，有時候妳切記要「主動去喜歡一個人」。

也就是說，請了解眼前的男性。每次遇到一個人之後就停下腳步，就算沒有來電的感覺，也要充滿好奇地向對方提問，試著去了解這個人的內在。

當然不必勉強自己去喜歡上對方，畢竟這種事情勉強不來。但是主動去了解對方的話，應該還是做得到的 —— 因為這是有沒有用心的問題。

如此一來，妳應該會發現許多事情，對方也許潛藏著優秀才華、越看越順眼的外表、特別的人生經驗或高深的智慧。相信與他們接觸之後，在妳心中就會萌生各種感覺，說不定還會催生出愛情喔！

・─────── H I N T ───────・

我們的魅力要花時間展現出來

我們通常會靠第一印象來決定「有沒有機會」，但是這麼做只能注意到容易展現出魅力的男性，例如長得很帥，或是說話風趣的人。事實上，這種類型的男性也不少渣男。一個人的魅力包羅萬象，多數都必須花時間才看得出來。妳似乎也隱藏著第一眼無法看穿的魅力喔！

LOVE SPELL
≋ 010 ≋

不是要對方讓妳快樂，
而是妳要讓對方快樂。

讓每個人都需要妳

✴ 用 法 ✴

這句愛情咒語，會讓妳不管身在何處都能成為人人渴望的女性。

無關乎年齡、性別，妳會更加受人喜愛，而且在愛情以外的場合也是如此。當妳和別人見面之前，記得要施展這句咒語。

這句咒語能夠讓妳感應到前所未有的創意。

約會的時候，妳可以提議到沒去過的三家咖啡廳逛逛，也可以用前一天盡心想出來的笑話逗對方開心。

只要和這個人在一起，就會不斷發生開心的事情——令人心跳加速——能讓人如此快樂的女性，才會受人喜愛喔！

✳ 魔 法 的 祕 密 ✳

人們最喜歡開心的事情了。

請想想藝人、遊樂園、觀光景點以及漂亮的咖啡廳。受人歡迎的事物，全都是會讓人快樂的事物——異性也是一樣。

正因為如此，若能轉變成讓人開心的那種人，愛情就會很順利。

反過來說，越不順利的約會，就是強迫對方負責討自己歡心，自私地希望對方讓自己快樂的約會。其實男性約會時會不高興，很多原因都是出在「變成要讓對方開心的人，自己卻不開心」。

我能體會與對方在一起，就會覺得很快樂的心情。但是想讓愛成真，就必須變成讓對方快樂的人。

這句愛情咒語就是在宣告，妳要告別「希望對方讓自己快樂的人」，轉變成「讓對方快樂的人」。與別人見面之前，先想想看「怎麼做才能讓對方開心」吧！

H I N T

讓人快樂與鞠躬盡瘁不可混為一談

請妳想像一下偶像、米老鼠、高級餐廳的服務生，每一個人的態度都不會很卑微。如果像傭人一樣低著頭，對方說不定會以為可以把妳當成傭人使喚而態度驟變。重要的是關係要對等。讓對方開心，意思是說「妳願意」讓對方開心，所以不需要低聲下氣。

LOVE SPELL
011

命中註定的人現在 肯定也在尋找我。

徵友中而惶惶不安時 更要找回自己

✳ 用 法 ✳

找不到戀人，內心惶惶不安時，就念這句愛情咒語。

人不管到了幾歲，戀愛都是不容易的事情。比方說遇不到好男人，就算有好男人卻已經有女朋友了；或是無法發展成真誠的愛情而失去聯繫。難免會十分擔心，再這樣下去會不會孤老一生。

越是這種時候，妳越要記得對自己施展這句愛情咒語，這會成為撫慰內心的良藥。

很快地妳就會覺得內心平靜下來，隨後妳一定會感覺到，似乎還能夠繼續努力下去。

✲ 魔 法 的 祕 密 ✲

尋找命中註定對象的過程，一定會讓人內心十分焦急。

而命中註定的人，現在一樣也急著想知道：「命中註定的人究竟在何方？」

這並不是在說夢話，而是理所當然的道理。首先妳要體認這點事實，讓心情平靜下來。

因為想讓愛成真，需要沉著冷靜，失去冷靜的時候，往往會因為情緒起伏，做出失常的言行舉動或選擇，所以愛情才不會實現。

同時這句愛情咒語也蘊藏著「對方也正在找妳，所以妳主動尋找的話，能更快相遇」的意思。

妳要相信命中註定的人是存在的，不要懷疑這個人究竟存不存在，問題只有何時會相遇。既然如此，不如自己主動去接近對方吧！

☽

─── H I N T ───

命中註定的人身在何方？

命中註定的人尚未成型。一開始兩個人會認識，大多是因為談得來、相處愉快且令人難忘。進一步交往之後，才會認定彼此是命中註定的人。所以命中註定的人，說穿了不過是某個人具備了命中註定的要素。說不定這個人已經出現在妳身邊囉！

SCENE
02

相識後
讓對方愛上妳的
愛情咒語

第一次見面，或是與對方距離還很遙遠時，
都可以施展。

首先要抓住與對方聊天的機會，
成為可以暢談任何話題的關係。
在已經打破尷尬的氣氛下施展愛情咒語，
因為對方也會願意配合妳。

相識的那一天，
目標是在對方面前化身「最有價值的異性」。

本章節是用散發「活力」香氣的魔法墨水寫成。

愛情一開始最注重的就是活力。
讓柑橘及檸檬般的酸甜香氣，
深深觸動妳的身心吧！

妳是否已經感覺到，
香氣漸漸從每頁深處飄散出來了呢？

沉浸在這股香氣裡並且想像一下吧！
妳的出現，暗示著在他人生中即將發生特別的事。
誠如一場結局圓滿的電影，
即將開演。

LOVE SPELL
≋ 012 ≋

我覺得以前
好像見過你。

第一次見面就能馬上拉近距離

✦ 用 法 ✦

第一次見面時，就念這句愛情咒語。

才剛認識感情還不穩定的時候 —— 正打算確定關係時
—— 施展這句咒語馬上就能縮短距離。

而且在任何一個時間點都能施展這句咒語。無論是聊天
突如其來地中斷，或是當興趣和欣賞的事物不謀而合的時
候，甚至在說再見的當下，妳都可以將感想表達出來。

另外就是在驟然改變話題的時候，念出這句咒語會讓對
方留下深刻的記憶。如果沒有產生多大的效果，妳可以再加
上「像這樣似曾相識的人真是難能可貴」這句愛情咒語，會
讓人印象更加深刻。

✳ 魔 法 的 祕 密 ✳

第一次見面，最重要的是儘快打破隔閡。

此時最有效的做法，就是讓對方有一種「我們是同類」的感覺。因為我們對於相同類型的人，天生都會感到比較自在。

和第一次見面的人聊天時，只要一知道是同鄉人，或是有共同認識的朋友、曾經去過同一個國家旅行，一定會突然覺得很親切，所以要創造這種感覺。

因為這句愛情咒語就是在暗示：「我們二人之間產生了特別的親切感」。

當對方願意接受妳 —— 形成這樣的氛圍就是讓愛成真的捷徑 —— 對於接下來的愛情將十分有利。彼此不但能談笑風生，妳主動聯絡也會容易得到回覆，而且提出邀約的成功率更會上升。

另外還可以變化不同的說法，例如「味道聞起來很像」，這句愛情咒語在很多場合都能使用，十分推薦給大家。

H I N T

如何抓住對方的心？

千萬不可以用尋求認可的語氣說：「我們以前好像見過面吧？」因為妳有可能遭到反駁，所以說話時的語氣只要單純描述感想即可。如此一來，他才會完全被這句愛情咒語所影響。妳一定要善用暗示，而不是直接說出來。這才是戀愛 —— 甚至是溝通的極致表現。

LOVE SPELL
013

好緊張。

044

在對方面前舒緩緊張情緒

✳ 用 法 ✳

在對方面前感到很緊張時，就念這句愛情咒語。

即便是在相識的瞬間，或是聊天到一半，當妳無法像平常一樣說話時，都可以施展這句咒語。所以不必勉強自己說什麼，念這句愛情咒語就好了。

妳不必在意對話的過程，當妳想要自然而然地聊天，反而會讓人緊張起來。

妳也不用在意音調，總之將愛情咒語念出來就對了。妳根本不必擔心這麼做不好 —— 因為這是不得已的做法 —— 體認到這點是非常重要的，就像單純在報告一件事情的感覺。

✳ 魔 法 的 祕 密 ✳

緊張的時候，最重要的就是「承認緊張」。

否定事實一般地提醒自己千萬不能緊張，越是拼命地向周遭的人隱瞞緊張情緒，反而會讓人更加在意，因而越來越緊張。

正因為如此，才要施展這句愛情咒語。除了妳自己之外，還要將「緊張的事實」和眼前的對方分享，公開承認妳很緊張。

相信妳能感覺到，緊張情緒會在一瞬間如冰塊般溶化掉。

至少隱瞞事實產生的內疚感肯定會減輕，讓妳覺得輕鬆一些，放開一點。

對方並不會因為妳緊不緊張，而決定喜歡妳或討厭妳。反而會因為妳的說明，進而了解妳的狀況。所以請妳放心，接下來對方也會開始與妳溝通。

─────── H I N T ───────

妥善面對負面情緒

這種想法也能運用在其他情緒上，諸如焦急、憤怒、嫉妒、羞恥或自卑等等，妳可以在心裡默默面對，也可以參考這句愛情咒語和他人分享。相信妳會發覺這些情緒一點一滴地消失。心中的負面情緒就是內心在發出求救訊號，一旦妳無視它或加以否定，反而會助長這些情緒，所以首要之務就是面對它！

LOVE SPELL
≋ 014 ≋

我想更了解你，
可以和你多聊聊嗎？

打開命運之門創造
相互了解的機會

✳ 用 法 ✳

希望和對方的關係更近一步時，就念這句愛情咒語。

當妳在派對或聚會的途中，找不到機會或沒時間與對方攀談等情形下，施展這句愛情咒語就可以讓對話不間斷地延續下去，甚至能交換到聯絡方式。

最重要的是，接下來的聊天內容也能由妳主導。

想要暢所欲言的話，千萬不能把責任推到對方身上。**妳要正視想了解對方的心情，不停地向對方提問吧！**同時也要請妳將其他的愛情咒語施展出來。

緣分是偶然，但是緣分卻得靠努力才能歸妳所有。

＊ 魔 法 的 祕 密 ＊

關係要進一步發展，就要進行對話。

但是該怎麼做，才能展開對話呢？答案很簡單，直接告訴對方想要多聊聊，有必要的話，也可以主動表示「我想要更了解你」。

大家也許會覺得有些意外，畢竟這種做法前所未聞，但是沒有男生會不喜歡別人對他感興趣，反而還會激發他的自尊心，一定會讓他很開心。

這裡會使用「我想更了解你」這句話，理由非常充分。

不但會創造出驚喜的感覺，對方也無法否定妳的說辭。沒有什麼比這句咒語更能預示到愛情即將發生。

妳也許會覺得措辭太直接。但是無法向人啟齒的台詞——唯有能大大方方說出這句愛情咒語的女性，才能讓愛成真。

─── H I N T ───

問三句說一句

請妳要留意一點，所謂的談話，並不是妳單方面述說自己的事、最近發生的事情，或是眾人之間的八卦。和男生聊天最重要的不是妳說了什麼，而是要讓對方說話，類似問三句說一句的感覺。將對方當作重要人物，用採訪的心情來挑戰看看。這樣才是所謂的對話。

LOVE SPELL
≋ 015 ≋

還順利嗎？

任何時候都能順利展開對話

✳ 用 法 ✳

哪怕是第一次見面，或是久違的朋友，都能使用這句愛情咒語。

當妳不知道如何展開對話時，就施展這句咒語吧！相同的道理，改用「最近好嗎？」這句話也可以。接下來不要焦急，因為在簡短回覆之後，對方肯定會向妳報告自己的近況。

例如工作很辛苦，或是開始養狗了、失戀了等等。關鍵在於對方說什麼話，妳都能全盤接受的聊天氣氛。

接下來再深入這個對話內容，也就是妳要充滿關心的模樣回應對方：「怎麼回事？」「還好嗎？」妳應該發現到了吧，接下來就會展開一場對話喔！

不要擔心找不到話題。

這種時候妳更要抬起頭來，因為從他身上就能找到話題，要多少有多少，只要從中挑選即可。明白這點事實之後，妳就所向無敵了。

從這句愛情咒語衍生出來的對話，對方才容易聽得懂，因為妳是在和他聊最近關注的事情，所以他早就做好集中精神的準備。

大家都想聊自己的事情，都想談感興趣的事物或是現在的狀況，所以深入挖掘這部分，就能找到聊天的話題。

有了這句愛情咒語，妳就不會再煩惱如何對話，需要的時候只要施展這句咒語即可。對話蠻有趣的，妳將會從這樣的安心感當中，陸陸續續想出許多話題喔！

而且除了戀愛之外，這句咒語對於其他人際關係也十分有幫助喔！

H I N T

哪些話題會讓對方感興趣？

這世上最叫人開心的話題，就是「自己的事情」，每個人只要談到自己的事，就會感到很開心。正因為如此，談戀愛時就應該以對方的事情作為聊天主題，讓他覺得談話內容的焦點一直在他身上。當然也不必因而忍著不聊自己的事情。試著運用這句愛情咒語，練習將話題焦點轉移到對方身上吧！

LOVE SPELL
016

眞了不起呢！

引起對方興趣
讓彼此談笑風生

✳ 用 法 ✳

想要回應對方的談話，就念這句愛情咒語。

只要從對方口中聽到「以他自己為主角的話題」時，絕大多數的場合都能使用這句咒語。譬如換工作、每天跑步、以前一直在打籃球、上週去過書局、買車 —— 就算冷靜想想並非「多了不起」的場合，也能施展這句咒語。

就像隨口說出的口頭禪一樣。施展咒語的時候可以稍微誇張一點，還能加上開玩笑的語氣。而且在聊天當下念出來很多次，也不會讓人感覺奇怪，反而會成為潤滑劑。

隨後再繼續陪他暢所欲言吧！

✳ 魔 法 的 祕 密 ✳

聊天的目的，是為了讓對方的心情變好，讓他想要一直和妳在一起。為了讓對方有這樣的感覺，這句愛情咒語是非常適合當作隨口回應的一句話。

關鍵是要自然而然地念出咒語。

對方也明白，大部分自己的事情不過是閒話家常，所以用嚴肅語氣說出「真了不起」這句咒語的話，絕對會給人自貶身價的感覺，所以會低人一等。

因此要用開朗的表情和語調，積極地為了帶動當時氣氛而施展咒語。即便被人察覺這只是為了當時的氣氛所做出的回應，那也無所謂。因為妳的貼心會讓人感覺很好。

當然對方提到真的會讓人感動的話題時，可就另當別論了，此時並不需要施展這句愛情咒語，而要充分用妳的話表達感想。

將這句話自然而然掛在嘴邊之後，戀情會更有進展喔！

⸱────── H I N T ──────⸱

改變口頭禪即會出現神奇轉變

想要改變人生時，就是改變口頭禪的時刻。不能聽到什麼事情都說「不要、但是、可是」，總是一概否定，這些口頭禪會讓對方充滿無力感。想讓人生更快樂的話，就要改說這句愛情咒語，或是「太好了、原來如此、或許可行」這類的肯定句。試著去觀察一下周遭印象不錯的人，他們的口頭禪會說什麼呢？相信妳就會領悟到這點法則。

LOVE SPELL
017

你看起來很會彈鋼琴。

初相識馬上為自己
奠定良好印象

✳ 用 法 ✳

想要有一個絕佳的開始時，就念這句愛情咒語。

彈鋼琴只是一個舉例，只要會給人好印象，而且從來沒人提過，又很適合對方的話，舉凡茶道、騎馬、音樂或是撞球都行。其他類似的愛情咒語，也很建議大家隨口問一句：「為什麼你這麼有氣質？」

對方也許會有肯定或否定的回應。此時再提出妳個人的理由，例如：「會不會是因為姿勢端正的關係？」

妳還可以說是因為手指很美、因為身材很好、因為聲音很好聽 —— 這些話都會間接（不會太明顯）成為一種讚美。

✳ 魔 法 的 祕 密 ✳

這句愛情咒語的重點是,「將所見的一切說出來」、「這些形象讓人感覺良好」。

基本上,我們都會喜歡這樣的話題:「在別人眼中的形象如何?」因為我們總是會很在乎別人對我們的看法,對方也不例外。

所以讓自己留下印象最好的方法,就是告訴對方妳對他的感覺。這些感覺如果從來沒人跟他提過,會讓他對妳更加感興趣,所以務必將耐人尋味的觀點與他分享。

因此在他人面前要養成習慣,好好思考「對方有何特色」。溝通時最重要的一點就是在「說什麼話」之前,先「觀察對方」。

然後妳只需要拿出勇氣念出咒語,告訴對方妳對他的印象,這句愛情咒語的效果一定會讓妳驚為天人喔!

H I N T

被人讚美就會產生好感

這句愛情咒語,是利用了「會對讚美自己(對自己釋出善意)的人產生好感」這種心理效果。當別人讚美妳的時候,妳應該不會覺得對方很討人厭吧?這種現象便稱作「互惠性」,尤其在認識尚淺時很容易看出效果,因為沒有其他情報可供參考。所以初相識的時候,要讓聊天熱絡起來,最好的方法就是讚美對方。

LOVE SPELL
018

讓我猜猜看。

增添對話情趣

讓互動變熱絡

✳ 用 法 ✳

剛開始認識的時候，就念這句愛情咒語。

這句咒語可以在詢問對方興趣、血型或是出身地等問題時加以運用。就算和聊天內容無關，也可以突如其來施展咒語：「讓我猜猜看，你是8月出生的吧？」

就像是展開一場「猜謎遊戲」，用這句咒語來取代問題。祕訣是要在歡樂的氣氛中念出咒語，當作玩遊戲一樣。

猜中的話就好好地開心一場，將妳有這種感覺的理由告訴對方。如果二、三次都沒猜中的話，遊戲就別再玩下去了，直接詢問對方正確答案。因為你們已經展開愉快的聊天了。

✳ 魔 法 的 祕 密 ✳

聊天一定要開心才行，所以需要各種有趣的內容。妳提問，他回答——要跳脫一問一答這種一成不變的對話。

然而對話基本上就需要提問。必須以各種方式，彼此分享情報。

因此要運用「無形的提問」，這樣雙方才容易展開話題，談笑風生。

其中一種方式就是「猜謎遊戲」。

無論什麼話題，都能立即讓人充滿興趣。畢竟從施展咒語的瞬間開始，就會讓人很好奇：「不知道會猜中什麼？」因為每個人都喜歡別人提到自己。

接下來的答案是否正確，早就無傷大雅。只要用這種方式展開對話，就會發揮效果，所以想要增添對話情趣時，就施展這句咒語吧！

━━ H I N T ━━

工作能幹唯獨愛情搞不定的人

有的人工作能力很強，唯獨對愛情總是束手無策。其實在商場上需要的溝通方式，和在愛情上是完全不同的，明白這點是非常重要的一環。工作時遇到別人提問，需要直截了當做出回應，但是在愛情裡重視的是如何創造出快樂的氛圍，答案其實並不重要。

LOVE SPELL
019

謝謝！

提升自我價值
成為被人渴望的人

＊ 用 法 ＊

當妳被人讚美時，就念這句愛情咒語。

舉凡服裝、外表、舉止、措辭 —— 各方面的讚美。看著對方的眼睛，面帶微笑，就好像過去經常被人如此讚美，已經很習慣了一樣。

妳千萬不可以揮動雙手加以否定。

想要讓愛成真的話，妳就不可以謙虛，而要施展這句愛情咒語，坦率接受讚美。

妳不需要加上其他台詞，隨後只要表現出落落大方的態度，對方一定會主動做出進一步的行動。

✳ 魔 法 的 祕 密 ✳

人都會想要有價值的事物。

諸如名牌、寶石、限量卡等等,這種原則也能應用在愛情上 —— 而且還是相當核心的概念。越能讓自己看起來很有價值,對方就會越想得到妳。

而這句愛情咒語,就能讓這種情形成真。

因為「謝謝」真的是有自信的女性,才能念出來的台詞。已經習慣被人讚美的女性,越懂得這樣的感覺。

反過來說,謙虛是件很可惜的事。因為對方已經給妳高度評價,妳卻刻意貶低了自己的價值。

沒有比這句「謝謝」更常見的一句話了。

但是真的能將這句話在適當的時間點,恰如其分念出來的女性卻少之又少。所以要好好重視這句話的力量,讓自己自然而然地脫口而出。

H I N T

自嘲並不適合妳

過度的美德會變成惡行。妳有獨一無二的價值,不需要做出刻意貶低價值的發言,因為坦率地接受讚美也是一種美德。就趁這次機會,別再說自己不受歡迎或是已經不年輕了,停止用自嘲帶動氣氛的說話方式。自嘲並不適合妳。

別人問候近況時
要給人充滿魅力的印象

✳ 用 法 ✳

有人問候妳近況時，就念這句愛情咒語。

甚至可以拿來當作口頭禪。重點在於要理所當然地回答出來。妳還可以使用「狀況絕佳」、「我過得很好」、「超開心的」這幾句話，也會給人相同的印象。

隨後再說說最近面臨的挑戰，或是生活有多開心，因為這會成為聊天的開端。

要讓每天都過得很充實，就像這句話所形容的一樣，妳要打開天線，別害怕去認識其他人，勇於挑戰新事物。當妳能打從心裡施展這句愛情咒語的時候，就是最棒的一件事。

✳ 魔 法 的 祕 密 ✳

要讓對方感覺妳每一天都過得很快樂。

妳要成為周圍的人天天都很渴望的人，能夠努力讓人生過得充實，成為一個很有價值的人。

反過來說，告訴別人「我每天都很閒很無聊」，其實是件很可惜的事。因為這是在表示自己行情很差，無法讓自己的人生充滿快樂。

當然人生還是會遇到難過的事，有時也會完全沒辦法說出「我過得很快樂」這句話。

即便遇到這種時候，妳應該還是有力氣施展這句愛情咒語。對方也不遲鈍，他會察覺出妳在隱瞞，所以也會散發出一種迷人的魅力。

真的很痛苦的時候，尋求協助也很重要。但是妳是為了什麼，才要在他面前說出哪些話的呢？請妳將雙手放在胸前，仔細地想想看，千萬不能忘記妳的目的。

H I N T

別人邀約即便再閒也不要說出來

別人約妳的時候，請不要跟對方說自己總是有空，不管妳有多期待。因為會讓他感覺妳很寂寞。需要提出兩個時間供他選擇的時候，可以一天在平日，一天在假日。讓他覺得妳已經有其他行程，但還是努力安插時間與他約會。這也是一種男女之間的愛情策略。

相互提出私人問題
提升地位

✳ 用 法 ✳

想和他有來有往地對話時，就念這句愛情咒語。

比方說被問到涉及私領域的問題時，或是感覺自己已經回答太多的時候。尤其是老實回答也沒有意思 —— 談話內容無趣 —— 覺得地位似乎往下滑的時候，就運用這句咒語。

其中針對「妳很受歡迎吧？」這個問題的效果最好。

面對對方的查探，隨口念出這句咒語，會讓他感覺妳的從容自若與神祕感。同時也是為了提升妳的地位，所以最好不要直截了當地透露答案。

✳ 魔 法 的 祕 密 ✳

想要讓愛成真，最要緊的就是保持平等的關係。

至少不必逢迎阿諛，也不需要言聽必從、態度謙卑。否則成為戀人之後，還是會被人呼之則來揮之則去。

愛情會變得如此痛苦，最常見的行為就是「誠實回答對方所有的問題」。

妳或許會覺得很意外。當然回答對方的問題並沒有錯，只是戀愛並不是面試，所以有時候有問必答並非正確做法。大家要知道一點，讓對方焦急或是岔開話題，也是一種溝通的方式。

妳的從容不迫，會讓對方感覺「妳是不可高攀的女性」。讓對方看得到卻吃不到，才能引起他的興趣。這樣才能保持對等的關係。從初相識就要讓對方有這種感覺，接下來你們的關係才會起變化。

H I N T

受人喜愛的女性會閃避回答？

「輪流提問」換句話說就是「保持神祕」。通常對於無法解開的謎題，肯定會一直耿耿於懷 —— 所以會勾起對方的興趣。在名畫當中，常見到類似「女性凝視天空陷入沉思」的構圖，而我們也是因為不曉得畫中主角「究竟在想什麼」，才會被深深吸引。

LOVE SPELL
≋ 022 ≋

最近在迷什麼？

引起對方興趣開口暢聊

∗ 用 法 ∗

想要深入對話，或是不知道聊什麼話題時，就念這句愛情咒語。

隨後妳只須當個聆聽者的角色。由於會聊到私人話題，對方也許會有所顧忌。因此妳要興致盎然地問「這是什麼意思」，請對方「仔細教教妳」。

相信妳會見到對方前所未見的一面及個性，發生意想不到的插曲，能夠進一步了解他。

與其自己高談闊論，不如專注於讓對方放言高論。最後最好要讓對方有「自己說太多了」的感覺，因為接下來會讓你們變成可以談論特別話題的關係。

✳ 魔 法 的 祕 密 ✳

這句愛情咒語的最大特色，就是「容易回答」、「能讓對方開口暢聊」。

想想看一般人常問的問題：「最近有遇到什麼事情嗎？」「有發生哪些有趣的事嗎？」

這些問題是不是感覺很難回答？到底該不該聊私生活的事 —— 有些事情並不想告訴別人 —— 不知道對方是想聽工作上的事還是好笑的事，真的很難找出正確答案。

如果聽到的是這句愛情咒語，感覺打掃家裡、露營、正在尋找新杯子這類答案都可以，所以很容易回答。

我們都很喜歡聊目前熱衷的事情。

所以才會非常起勁地說個不停。妳肯定也曾經聊起熱愛的事物而忘了時間。這句咒語的目的，就是要讓對方體會一下這樣的感覺。

H I N T

展開對話後持續暢聊的祕訣

開始對話之後，無論如何就是要做出很明顯的反應。妳可以參考愛情咒語 016，回覆著「你真厲害」、「你是怎麼辦到的」，平淡無奇的回應也無所謂，不需要想破頭回覆。表情及動作放大之後，重點還要傳遞出這樣的信號：「我真的聊得很開心喔！」對方就會不斷地暢所欲言了。

LOVE SPELL
023

假如沒什麼事，
休假日有空的話
想做什麼呢？

用開心的話題邀忙碌的對方
出門約會

＊ 用 法 ＊

對方說自己很忙的時候，就念這句愛情咒語。

就像提出一個有趣的話題。為了不讓對方說出「放假時只想休息」這句話，所以要強調沒什麼事，而且也不必擔心工作。

接下來，要讓對方進入這種想像當中，使話題不斷展開。妳要順著他的回覆接著問「要不要去看那部電影」、「去咖啡廳靜靜讀書也不錯」、「接下來想不想開車去海邊兜風」，接連不斷地提出妳的想法。等到對方感興趣之後，就值得妳試著約對方去做這些事情。

✳ 魔 法 的 祕 密 ✳

這句愛情咒語的效果，就是「會炒熱聊天氣氛」、「容易約對方出來」。

關鍵在於妳要牢牢記住「假如」二字。如果是假設的事情，無論再忙都可以納入考慮。因為每個人真的有時間休假時，就會有想做的事情。

這個話題本身就是正向思考，所以會炒熱氣氛。腦袋裡想的事情，肯定會多到超乎想像。

於是會發生有趣的現象，他腦中會開始思考「怎麼做才能去」，而不是「不能去（忙碌）的理由」。

想做的話就能空出時間來 —— 雖然有時候真的會忙到分身乏術。不過男性的「忙碌」，有時只是「專注在工作上所以無法考慮其他的事情」（其實有時間）。

因此妳才要協助他去思考「其他的事情」。

H I N T

妳的魅力再加上約會計畫的吸引力

約會不要單靠妳的魅力提出邀約，還可以加上約會地點的吸引力來提出邀約。畢竟無法多次約會的話，也很難突顯出妳的魅力。為了約對方出來，任何方法都要嘗試。妳可以參考這句愛情咒語向對方詢問，或是多方調查一下，讓自己可以提出一個完美的約會計畫，幸福便會從天而降喔！

LOVE SPELL
024

和喜歡的人去約會，做什麼事最開心？

讓對方充滿期待再提出下次邀約

✳ 用法 ✳

想要加速拉近彼此距離時，就念這句愛情咒語。

重點在於妳也要融入對方的話題當中，否則他就不會覺得這件事要靠妳和他一起去完成。務必要讓他聯想到，這是要和妳去約會。

同時也為了預防他不會聯想到妳，請妳要加入話題當中，跟他說：「我們去那家咖啡廳外帶咖啡吧？」「接下來我們要不要去看電影？」

只要沉浸在這樣的世界裡——如同在幻想世界中開心約會一樣——你們的距離就會拉近。因此妳要發揮想像力，提出各式各樣的問題及建議喔！

✳ 魔法的祕密 ✳

這句愛情咒語的目的是「讓對方幻想美好的約會，激發期待的心情」、「善用情報才容易約對方出來」。

最重要的，就是前者提到的「美好」。

因為這句話會讓他聯想到愉快的體驗。如果對方想不到的話，就改用過去式問問看：「過去你最開心的約會做過哪些事？」有時候回憶過去會比較簡單。

聊得起勁之後，再問對方「要不要實際去做看看」（愛情咒語035），如此一來邀約成功的機率肯定會更高。

畢竟已經想像過了，因此心理障礙會減輕。對方不但會覺得計畫很吸引人，也能夠有一個具體的想像，所以很容易約會成功。

而且妳不需要四處傷腦筋安排約會計畫，這點也會讓人很開心。所以只要和對方一起想想就行了！

H I N T

我們都無法違背想像

談戀愛最重要的就是讓對方覺得「愛情很美好」，還要想到「二人的未來」。因為他會朝著這個方向，開始努力前進。當然妳若是告訴對方「請你想像一下美好的愛情」，會讓人覺得很奇怪。所以要用提問或閒聊的方式，設法讓對方自然聯想 —— 這點也是愛情咒語最重要的觀念。要從文字轉而對美好的想像敏感一些。

LOVE SPELL
025

下次再約我喔！

提高邀約成功的機率

✳ 用 法 ✳

想和對方約會時，就念這句愛情咒語。

念這句咒語的最佳時機，就是當你們聊到咖啡廳、美術館、餐廳、電影、活動等話題聊得十分起勁的時候，因為這些地方都能當作約會地點。妳也可以在愛情咒語023或024之後，再施展這句咒語。

並不是要在當下約對方出去，重點是要用單純表達社交辭令的感覺：「下次再約我喔！」

隨後再隨意聊天即可。因為念出咒語的目的，只是為了日後製造邀約的藉口。話雖然這麼說，如果對方已經上勾了，就要馬上念出愛情咒語035喔！

✳ 魔 法 的 祕 密 ✳

多數約會被人拒絕的原因，都是「過於唐突」。

一直以為兩人是朋友 —— 完全沒想到談戀愛的事 —— 沒想到突然要兩個人約出去單獨吃飯，或是從來沒有好好聊過天卻提出邀約，大部分都是因為這樣的原因。

換言之，就是「對方從來沒想過約會的事」。

為了預防這種情形，就要施展這句愛情咒語。趁著聊天聊得很起勁時，或是外出參加活動的時候念出咒語，讓對方覺得「現在並不是在提出邀約，不過我們或許有機會兩個人單獨出去約會」。

所以事後約對方時，才不會感到唐突。

不管是直接說或是傳訊息，可以只將「我們去上次提過的地方吧！」這句話念出來即可。只要不會覺得唐突，提出邀約的人說得越簡單越好。妳不必過於正式，但要有禮貌一點，就像在約朋友一樣向對方提出邀約吧！

────── H I N T ──────

約會的目的不單是為了開心

本質上來說，約會的目的並不是為了開心。因為妳的目的是要讓妳和他的愛情成真。享受愛情與讓愛成真，有很大的差別。想要讓愛成真是需要努力的，有時必須壓抑心動的感覺讓自己冷靜下來。雖然也會感到寂寞，但是只想享受愛情並無法讓愛成真 —— 千萬別忘記這一點。

LOVE SPELL
026

最近和女朋友交往順利嗎？

**可以確認有沒有女朋友
又不會讓對方發現妳喜歡他**

✳ 用 法 ✳

想要確認對方有沒有女朋友時，就念這句愛情咒語。

記得要在初識施展出來。如果在閒聊或談論愛情話題，氣氛已經炒熱後再念這句咒語，就不會讓人覺得很奇怪。

另外妳也可以使用下述說法：「你女朋友是怎樣的人？」「感覺你女朋友很漂亮！」「你已經想好要送女朋友什麼聖誕禮物了嗎？」

就像在單純聊天問對方問題一樣。如果對方有女朋友的話，就會直接回答妳；如果他沒有女朋友的話，肯定會回妳說：「我沒有女朋友喔！」

✳ 魔 法 的 祕 密 ✳

當妳有喜歡的人，盡可能要在當天確認對方有沒有女朋友，唯獨這點一定要搞清楚，日後才能放心免去煩惱。

只要對方沒有女朋友，妳就可以繼續下一個動作，如果對方有女朋友的話，就要轉移目標到其他男性上，這樣才能節省時間。

這句愛情咒語是在「對方已經有女朋友的前提下」提出問題，這點要特別注意。自然而然趁著聊天機會就能確認對方有沒有女朋友，所以不容易讓對方發現妳喜歡他。

當你覺得不好意思，或是不想被人發現妳的心意時 —— 雖然遲遲不讓對方察覺的話愛情並不會有進展 —— 當你們處於這種不方便提出瑣碎問題的關係時，就念這句愛情咒語。若是不喜歡拐彎抹角的話，妳也可以直接將「你有女朋友嗎？」這句咒語念出來，通常對方並不會太介意回答這個問題，請隨個人喜好運用。

H I N T

如果對方有女朋友就只能放棄了嗎？

對方有女朋友的話，應該只能放棄了，這樣在道德上來說，才是正確的做法。但是喜歡一個人的心情，是無法輕易說不愛就不愛的。我要先提醒大家，絕大多數的愛情咒語，即便在對方有女朋友的情形下，還是能發揮效果。只是要不要施展咒語，端看個人決定。請大家一定要想清楚，不管做出怎樣的選擇，都是妳的人生。

LOVE SPELL
027

當初為什麼會和
前女友分手呢？

問出對方的愛情觀

獲得寶貴啟示

✳ 用 法 ✳

確認對方沒有女朋友後，就念這句愛情咒語。

妳可以像是在告訴對方下一步會怎麼做一樣，將咒語念出來。施展咒語時有一個祕訣，畢竟會涉及對方敏感的情緒，所以要自然而然地念出咒語。就像在閒話家常一樣，千萬不能用談論人生觀的嚴肅態度。

如果他難以啟齒的話，再細問他：「你們是在多久前交往（分手）的？」「你們同年嗎？」「你們在哪裡認識的？是公司嗎？」「你們合不來嗎？」因為這樣他才容易回答。

等他開始娓娓道來，接著再轉為聆聽者的角色吧！

✱ 魔 法 的 祕 密 ✱

務必要先詢問對方前一任女朋友的事。

第一，<mark>可了解他的愛情觀</mark>。妳會得知他內心想和怎樣的女性交往，這是相當寶貴的情報。

第二，<mark>可了解他現在心裡在想什麼</mark>。比方說現在因為失戀很受傷，所以希望別人聽他抒發，或是正處於逃避現實的階段，於是埋首於工作或興趣當中，還是已經回復平靜，正在尋找新對象等等，能夠覺察他目前的感覺。

第三，最重要的是，這個話題本身就能使他內心動搖。畢竟是自己的事情，所以會促使他針對愛情深入思考。

聽完他說的話之後，再施展類似下述的愛情咒語：「這樣下次你得和更成熟的人交往才行囉！」

成熟的人、沉穩的人、了解你感受的人、懂得道歉的人、體諒工作的人 —— 提醒他要找到適合的人。

───── H I N T ─────

認識後就要馬上聊戀愛話題

初相識後，要在 10 分鐘內提到戀愛的話題。千萬別為了逃避，而將話題轉向工作、出身地、興趣等不痛不癢的話題。否則在無法加深關係的狀態下 —— 不會想讓人再次見面的狀態下 —— 這天就這樣結束了。第一次見面就聊戀愛的話題，其實並不會很奇怪，反而會是一個讓愛成真的全力衝刺。

LOVE SPELL
028

你覺得女生什麼地方
最有魅力？

調查對方喜好
讓他預感愛情即將發生

✴ 用 法 ✴

別因為這句話充滿遐想，便害怕念出這句愛情咒語。

不過突然念出這句咒語還是會嚇到對方。因此切記要在聊完帶點愛情色彩的話題後，再施展這句咒語，比方說「朋友情侶的故事」，或是「知名人士的戀愛八卦」之後。

重點要在稀鬆平常的氣氛下，就像我們長大成人後，有時也會聊到這類話題一樣。

接下來要用訪談的方式，問對方：「還有呢？」「舉例來說呢？」引導他透漏情報，然後再與他談論異性魅力的話題，接著說：「也許女生確實會如此。」「男生就是這樣。」

✳ 魔 法 的 祕 密 ✳

這句愛情咒語本身也可以用來增添情調，炒熱場面，但是在背地裡卻有幾個目的。

首先是能夠蒐集到對方的情報。

可以調查出他對於女性在時尚、觀念、興趣、舉止、談話等方面的要求。只要了解他的品味之後，讓愛成真的機率就會進一步提升。

其次還能暗示變成男女關係。

類似這句愛情咒語的話題，基本上在關係平淡的男女之間是不會出現的。所以是在反其道而行，先提出這類的話題，讓他在不知不覺間，感覺你們就像彼此吸引的男女一樣，會讓他心跳加速。

除此之外，女性在評價男性時的主要用意是「想知道他對女性了解多少」。因為變成測試的一方之後，妳的地位便會稍微提升。

─ H I N T ─

跳脫朋友定位的方法

這句愛情咒語也能夠反過來，防止對方跟妳說「我一直把妳當朋友」。如果妳想和他變成男女朋友，就一定要聊些愛情的話題。這種觀念也適用在想和已經是朋友的男性，進展成男女朋友關係的時候。我知道妳一定會覺得不好意思，但是就算很害羞，只要鼓起勇氣，一定能夠將愛情咒語施展出來。

LOVE SPELL
029

我想聽聽男生的意見，你能和與前男友關係很好的女生交往嗎？

初相識就要立刻拉對方聊天

✳ 用 法 ✳

兩人才剛認識，想要與他聊天時就念這句愛情咒語。

見到對方之後——省去社交辭令——就像是為了讓談話內容引人注目而提出一個話題。

有必要的時候，也可以在喝酒的場合，突如其來對著隔壁桌的一群人，或是第一次見面的男性施展這句咒語。接著再回頭過來問對方的意見：「你能和我交往嗎？」如此一來氣氛就會炒熱起來。

聊過一陣子之後，再將話題轉向彼此的自我介紹、愛情故事或是其他的愛情咒語。目的是為了在氣氛火熱的時候施展咒語，所以不必拘限在這個話題。

✳ 魔 法 的 祕 密 ✳

關鍵在於利用「想知道男性的意見」這個理由，就能自然而然與對方搭話閒聊。

其中「與前男友關係很好的女生」此一話題，任何人都可以提出意見，又很八卦，答案會因人而異十分有趣，所以在任何場合都很容易炒熱氣氛。

而且以「嫉妒」為主題的時候，也會十分引人注目。涉及到男性無法忽視的感情，更能夠引起對方的興趣。

施展咒語之後，要仔細解釋再度補充說明：「其實是我男性友人的煩惱，朋友擔心他這樣糾結是否不夠男子氣概 ── 我該給他什麼建議才好呢？」如此一來他才容易理解愛情咒語的意思。

與別人搭話時，不必老實地從打招呼或自我介紹開始，記住還有一種作戰方式，就是突然向對方提出令人很感興趣的話題，這樣馬上就能吸引對方注意。

─────── H I N T ───────

事先記下能炒熱氣氛的八卦

準備幾個隨時都能說，容易引起別人八卦的興趣，以愛情為主題的話題會更方便。另外也能利用下述這幾個說法：「你對於一直有劈腿嫌疑的另一半有何想法？該如何證明對方沒有外遇呢？」「你對於有很多男朋友的女生有何看法？聽說她昨天也是三更半夜才回家。」編出來的故事也沒關係，可以記下周遭人的八卦拿來利用喔！

LOVE SPELL
030

朋友太黏人所以被甩了，難道男生交往後就會覺得聯繫很麻煩嗎？

趁著談笑風生順便蒐集對方情報

✳ 用 法 ✳

認識沒多久，或是在約會途中，就念這句愛情咒語。

使用的時機點和愛情咒語**029**一樣。總之只能用「朋友的問題」這種說法來提問。問對方的時候要營造出一種為了當作參考，想知道一般男性意見的感覺，才能讓他放鬆警戒容易說出答案。

接著再施展下述咒語：「事情決定之後，接下來這一天你就不會想打電話了吧？」「上班的時候呢？」「你覺得多久打一次電話比較好呢？」「你想要每天聯絡嗎？」「你再忙也會回電話嗎？」

就是要利用聊天的話題，蒐集對方的情報。

✳ 魔 法 的 祕 密 ✳

兩人剛認識的時候，最重要的就是悄悄蒐集情報。

例如喜歡哪類型的女生、休假的時間、愛情觀以及約會的喜好等等，事先了解之後，愛情才會走得順利。

尤其「對於互通訊息的觀點」，是相當寶貴的情報。

因為所有的愛情都是由互通訊息開始的。妳必須調查他喜歡如何聯絡，再好好地保持聯繫。因此在一開始，妳就應該查清楚對方喜歡的聯絡頻率、方便的時間、會不會因為忙碌而有所變化這類的情報。

當然就算是編故事 —— 還是需要演技的 —— 改編實際被人甩的朋友發生的故事，加以運用也沒關係。

愛情或是人際關係的一開始，便透過聊天蒐集能讓今後關係順利進展的情報，多數抱持著這種想法的人，都能迴避掉許多問題。尤其當認識不深的時候，才有更多判斷依據，所以十分受用。

H I N T

展開一段愛情就從蒐集情報做起

利用「朋友的故事」這類說法，很容易就能問出對方的愛情觀。例如「第三次約會就告白會不會太快了？」「如何約對方出來才容易成功？」「對於怎樣的女性才會珍惜？」「自己是屬於主動告白的類型嗎？」「根據哪幾點才會答應對方的告白？」等問題，不但能讓聊天變得熱絡，對於戀愛方面也很有幫助，所以十分推薦給大家。請大家一定要想想看，哪些愛情咒語也能問出這方面的情報。

LOVE SPELL
031

你總是笑容滿面，雖然還不是很了解你，但是看起來就是個好人。

用力讚美對方
贏得他的心

✳ 用 法 ✳

第一次或第二次見面時，就念這句愛情咒語。

施展咒語時有一個祕訣，要在說完彼此的印象、自我介紹、人生故事等話題後，突然像是有感而發一樣告訴對方，不必太在意時間點的問題。

真的有感覺的時候再念出來也行，或是想讓他敞開心房的時候念出來也可以。突然提及妳對他的印象時，讓他稍微受寵若驚一下吧！

接下來，妳可以再回到原先的話題，說不定他會願意向妳開誠布公前所未知的事情。

✳ 魔 法 的 祕 密 ✳

一定要事先牢記方便使用的讚美語。

用這句愛情咒語讚美對方的優點，在於「對方無法否定」、「切入內在部分」、「適合所有人所以方便使用」。

關於第一個優點，只要對方沒照著鏡子，就無法確認自己笑起來是不是真的很好看 —— 甚至是否在笑 —— 也無法加以確認。所以只能順其自然接受讚美。

針對第二個優點，保險起見已經提到雖然還不是很了解對方 —— 也可以暗示接下來想要進一步了解加深關係 —— 透過觸碰內在的方式，而非經由外在，就能讓對方受寵若驚。

關於第三個優點，老實說仔細想想，這種表現方式適用在所有人身上，所以可以隨口念出來。

唯有不常見的讚美，才能讓他印象深刻喔！

H I N T

讓對方覺得和妳在一起很快樂

基本上，我們都不是喜歡聽別人說話的生物，因為自己想要滔滔不絕。但是唯一一個想要一直聽下去的話題，就是讚美的話。換言之，這就是打開他心房的關鍵。在一開始溝通的時候，妳就要大大地讚美對方。因為對他來說，聽妳說話會覺得很快樂，才會讓他更想與妳在一起。

LOVE SPELL
≋ 032 ≋

長得帥的男生多的是，所以重點在於能不能採取行動。

貶低對方受歡迎的程度
才能強調妳的價值

＊ 用 法 ＊

這句愛情咒語專門用在受歡迎的男性身上。

等到見過幾次面，開始聊起彼此的戀愛經驗、喜歡哪一種類型的異性這類話題之後，再施展這句咒語。念咒語時有一個祕訣，必須看著對方的臉，再大大方方地念出來。

緊接著再加上下述幾句話：「你對身邊的人體貼嗎？」「你曾經努力做過什麼？」「最近在挑戰什麼事情嗎？」就像在審查是否有同時做出這些行動一樣。

這句愛情咒語，也可以在對方問自己喜歡哪種類型的異性時施展出來。對方會很佩服妳，所以一定要記下來。

✳ 魔 法 的 祕 密 ✳

這句愛情咒語有兩個用意。

這是要「提升妳的價值」（讓對方覺得妳是難得一見的女性），以及「降低對方的價值」（讓對方知道長得帥的人到處都是）。

接下來接續的話題內容，妳也要採取「絕對不能提到外表話題」的作戰計畫。

將話題環繞內在的部分，而不是他一直覺得很有自信的外表上，才能建立起平等的關係。

對於在外表上感到自豪的對象，妳完全不能涉及這方面的事實。不僅不能讚美，也不能用神魂顛倒的眼神盯著看，因為這樣會讓妳的立場持續走弱。

別去在意他的外表，保持一貫的態度，只對他的內在感興趣。還要努力提及妳勇於挑戰以及奮發有為的話題。這樣他的反應就會起變化喔！

———————— H I N T ————————

妳想被受歡迎的男性喜歡嗎？

面對受歡迎的男性，切記「不要在心理上降低自己的地位」。換句話說，就是別讓對方知道妳非常喜歡他。一旦妳覺得自己的地位稍微低人一等，就會馬上被人輕視。所以妳才需要類似這次的愛情咒語，以免發生這種情形。一開始認識的時候，妳就要保持對等的關係。這是面對受歡迎男性的一大祕訣。

LOVE SPELL
033

請告訴我你自己的三個特徵。

針對優勢地位
讓愛情朝有利方向發展

✳ 用 法 ✳

認識對方之後，在第一次或第二次見面時，就念這句咒語。就像是為了了解對方而提出問題一樣。祕訣在於要用開玩笑方式跟對方說。

雖然這種問題並不常見，但是應該不會讓人產生反感，畢竟可以突顯出自己的存在感，想必會洋洋得意。

無論對方說了什麼，妳都要認同他。

妳要一副興致勃勃的模樣側耳細聽，回說：「真的嗎？」「原來有這樣的事。」「什麼意思？」只要妳認同他的內在，就會更加受到他的肯定，讓他開始對妳展開行動。

✱ 魔 法 的 祕 密 ✱

在愛情裡，存在「審查的一方與接受審查的一方」這種
觀點。施展這句愛情咒語之後，妳自然就能變成「審查的一
方」。他會展現自己 ── 為了得到妳的認同 ── 所以妳會變
成站在評斷這一切的立場。

日後他也會十分在意妳的一舉一動，開始主動迎合妳。
交往之後，妳肯定也不會受對方擺弄。因為妳才是那個玩弄
對方的人。當然會不會真的去玩弄對方，那就另當別論。

反過來說，一旦妳成為「接受審查的一方」，戀愛就很容
易失敗。因為妳也會變成被人擺弄的一方。所以妳要站在審
查的一方，以免發生這種情形。

只要事先了解「審查的一方與接受審查的一方」這種觀
點，面對愛情的心態就會不一樣。尤其在一開始便定位的
話，情況就會難以挽回，所以妳要盡快施展這句咒語。

· ─────── H I N T ─────── ·

好男人要等撤下武器再進攻

想讓這句愛情咒語發揮強大效果的話，妳要在一開始就加上這
句話：「除了工作和外表之外，我還想更了解你。」進一步地明顯強
調自己是審查的一方 ── 讓他願意讓妳了解他 ── 就能使他一絲
不掛。越是對工作及外表很有自信的男性，肯定會受寵若驚，因為
他常用的武器完全派不上用場，還能讓他有一種被涉及內在的新鮮
體驗。

LOVE SPELL
034

小時候的我想
成爲舞者。

用撼動人心的自我介紹
讓對方有親切感

✳ 用 法 ✳

準備一個具有個人風格的自我介紹。

但是不能一見面就施展這句咒語，必須等到打完招呼，簡單說明完姓名、職業、為什麼會出現在這裡之後。畢竟認識不深的人做自我介紹，會讓人覺得很無趣。

利用其他的愛情咒語炒熱氣氛後，妳再開始念這句咒語。所以比起自我介紹，應該以聊天為優先。

在充滿未知的情況下，引起對方興趣之後，再順勢提到妳還沒有做自我介紹 —— 給對方一種聊得這麼開心，卻忘記自我介紹的感覺。此時就是讓他了解妳的最佳時機。

✳ 魔 法 的 祕 密 ✳

重點在於，「用簡短幾句話說明清楚」。

妳不可以只列舉出身或職業等內容而已。發生過什麼事、現在是什麼狀況、未來想做什麼——說出自己的故事，才能讓對方熟悉妳這個人。

例如要像這樣說明：「小時候我曾經想成為舞者。因為我學過芭蕾，後來腳受傷才中斷，害我大概頹喪了二年之久，直到在偶然的機會下從圖書館借閱的一本書，讓我因建築之美所感動而從此覺醒。現在我任職於設計事務所，雖然工作繁忙，不過我是一個很有毅力的人。最近也在用功讀書想考取建築師執照，未來期盼能設計出自己的家。」

在這個故事大綱裡，要加上「曾經如何頹喪」、「讀完書後的心情」這方面的細節與描述，才能說明妳貫徹始終「成就了現在的自己」。而其中夾雜「挫折的經驗與如何重新振作的過程」，就是最巧妙的祕訣。

——————— H I N T ———————

自我介紹只須簡短提到有趣的部分

重點在於，不要將腦海裡想到的全盤托出。不僅是為了不讓對方感到無趣，也是想單純串聯起有意思的部分，總之越簡短越好。只須將妳朝氣蓬勃的一面，花一兩分鐘，用試試看的心情說給對方聽即可。請妳花時間仔細想一想吧！當妳能用充滿魅力的方式介紹自己的時候，在初相識的場合也就不會感到害怕。

LOVE SPELL
035

坐而言不如起而行。

利用聊天機會
順勢成功邀約

✳ 用 法 ✳

當下覺得有機會約出去的時候，就念這句愛情咒語。

和愛情咒語**025**一樣，在適合約會的場所或是聊到關於活動的事情後，妳就要不加思索地施展咒語。

沒必要害怕遭到拒絕，祕訣是大大方方地提出邀約。

接下來，再順勢連日期時間都定下來。

最理想的做法，還要連同集合地點通通決定好。同時也是為了不讓熱絡的氣氛僅止於當下。然後再帶頭提出幾個日子作為選項。因為一直到約會實現之前，都算是邀約的過程。

✳ 魔 法 的 祕 密 ✳

這句咒語是寫給一直煩惱對方不會提出邀約的妳。

建議妳一個很簡單的方法，就是由妳主動邀約。不必擔心由女性提出邀約是否恰當的問題，因為完全不成問題。想讓愛成真的話，就要採取行動。

找到喜歡的人就試著約約看 —— 因為反覆練習才是讓愛成真的最短捷徑。

我了解提出邀約是件很可怕的事。只要一想到可能會被人拒絕，就會讓人裹足不前。

但是妳千萬不能因此變成被動的女性，坐等對方再度提出邀約，因為說不定沒有下一次的機會。讓難得的邂逅 —— 說不定是命運的安排 —— 從此錯過。

請妳勇於承擔這些風險。勇敢提議的習慣，肯定有助於妳的人生樂觀向前進。

H I N T

避免無法定下約會行程的方法

決定行程的時候，最有效的愛情咒語就是：「最近何時有空？」省去彼此提出可行的時間卻無法配合，必須再行調整的麻煩過程。如果妳也很忙，很難利用這句愛情咒語配合對方的行程時，不妨率先提出方便的時間。絕對禁止「隨時都可以」這句話，因為會將做決定的辛苦工作全部推到對方身上。

SCENE
03

約會後
讓對方更愛妳的
愛情咒語

現在正是在他心中點燃愛火的時刻。

和妳聊天時心跳會加速，
回家之後還會想起妳 —— 想要再次見到妳。
就是要施展這種魔法，讓他像作夢一般醒不過來。

箇中祕密就是「談情說愛」。

千萬不要害羞。
因為讓愛成真，就是要和對方談論愛情的話題。
讓對方體會愛情的滋味，
愛情才會在他腦海中慢慢萌芽。

本章節是用散發「熱情」香氣的魔法墨水寫成。

讓愛成真需要火焰般的熱情。
妳的熱情會散發出怎樣的香氣呢？
是花香，還是果香？

從初次約會到交往為止，
請搭配ＳＣＥＮＥ 04的愛情咒語施展出來。
每翻開一頁，
都好期待會飄出怎樣的香氣！

LOVE SPELL
036

我從來沒跟別人
說過這種話。

給對方特殊待遇

也希望自己得到特殊待遇

✳ 用 法 ✳

當妳主動說出心理話後，就念這句愛情咒語。

舉凡小時候的趣事、不為人知的興趣、過去內心的創傷、現在的煩惱等等。無法向他人坦誠以告 —— 類似這種感覺的話題都行。

施展咒語時有一個祕訣，妳要略帶羞澀的模樣。

接下來聽到對方謙遜表示「別這麼說」，或是反問「真的嗎？」的時候，妳要再次強調：「我說的是真的，這件事我從來沒跟別人說過。」就像是透過表情讓對方明白，因為妳覺得他很親切，也很敬重他。

＊ 魔 法 的 祕 密 ＊

對於「特別為自己準備的」，我們都會盛情難卻。

比方說餐廳告知訂購了妳愛喝的紅酒，妳肯定會想點來喝，因為受到特殊待遇心裡會十分開心。

當然虛情假意的做法則會出現反效果。

我們要用不造作的態度 —— 這種事雖然有些自以為是 —— 畢竟我們都想自然而然得到特殊待遇。

正因為如此，像這句愛情咒語這樣「不小心坦白說出來」的巧妙做法，才會讓人心癢難撓。尤其男性最喜歡比其他男性受到更特別的特遇。

當然施展這句愛情咒語的行為當中，早就在默默打算吸引他的注意。然而重點還是在於「看起來不會造作」，問題是看起來的樣子。

所以想得到特殊待遇時，就必須給對方特殊待遇。

・—— H I N T ——・

鑽石並不是因為美麗才價值高昂

如果價值是取決於美麗的程度，那麼玻璃、冰塊也應該價格昂貴。事實上決定價值的卻是「稀有性」。這個邏輯也適用於溝通，舉例來說，當別人悄悄表示「我只跟妳說」，妳肯定會覺得萬分好奇。所以施展這句愛情咒語時最重要的一點，就是要讓對方覺得妳難得坦誠以告，讓對方知道他的存在正如同這件事難能可貴。

LOVE SPELL
037

現在放輕鬆就好，
因為我想和
真正的你聊聊。

當個理解他的人
建立起親密關係

✳ 用 法 ✳

尤其是受歡迎的男性，一定會深入他的心。

在一開始約會，或是約會到一半，妳就要隨口念出這句咒語。用一副理所當然的態度，了解身為人氣王的他有多辛苦一樣。讓他感覺現在可以好好地放鬆下來。

接下來妳要準備展開「幕後花絮」。

摘下對外公開的面具，彼此聊聊私底下的感受，例如：「大家只管享樂，完全不知道活動主辦方的辛苦！」「你現在看起來真的很放鬆呢！」「你總是為了炒熱氣氛而犧牲自己。」

✳ 魔 法 的 祕 密 ✳

　　總是被人包圍的男性，其實更無法放鬆下來。正因為如此，他才能受到大家的歡迎。

　　這些魅力十足的模樣，全都是演出來的。為了讓大家哄堂大笑，或是負起全責完成任務，甚至夾雜自虐行為，全都是在扮演一個帥氣的男性。就像舞台上的演員一樣。

　　絕大多數的人，都不會發現他背後的辛苦。只是圍繞著他，為他的魅力所傾倒。

　　總之越是魅力十足的男性，雖然備受歡迎，卻也往往覺得別人無法了解他而感到孤獨。因此妳更要專攻他的這一面。

　　所以這句愛情咒語才會如此有效。

　　妳要偷偷化身為幕後工作人員的角色，告訴他現在不必逞強，讓自己變成很特別的存在，不要受他舞台上的英姿所魅惑，讓彼此在幕後好好聊聊。

095

------------------------ H I N T ------------------------

想像一下他幕後的模樣

　　平時就要想像一下：「他在私底下隱瞞著什麼？」相信妳也一樣，家人及朋友見到的一面並非妳的全部。妳心裡一定很想讓別人知道真正的自己 —— 對方也是一樣。妳一定要讓眼前這個人，在私底下暢所欲言，肯定會創造出許多令人難忘的台詞喔！

LOVE SPELL
038

大家不知所措時，
甘於冒風險提案的你，
眞是太帥了！

透過具體讚美

在他心中留下深刻印象

✳ 用 法 ✳

這句愛情咒語只是其中一個範例。

當妳發現對方的優點之後，就要具體地將「令妳心動的地方」表達出來。單純說「你真厲害」、「你好帥」的話，最終只會流為社交辭令。

長篇大論加以說明也無妨。唯獨讚美的話 —— 除此以外的話切記要「盡量簡短」 —— 滔滔不絕也無所謂。因為他也會想聽。

也許他會謙虛，此時就要否定他這種態度：「不，我說的是真的。」如此更能進一步偷走他的心。

✴ 魔 法 的 祕 密 ✴

讚美話語是溝通的春藥。

為了融化對方的心，妳一定要養成具體說明的習慣，效果將會天差地別。

端起杯子的動作像演員一樣性感、西裝尺寸與領帶配色總是無可挑剔、精通雞尾酒卻不吹噓且有問必答的成熟風範——類似這樣說明，總之要具體一點。

他心裡會想「原來妳眼中的我是這樣」，可以帶給他前所未有的快感。讚美話語十分具有說服力。

平時被某些事物感動的時候，就要練習去思考原因再說出來。未來肯定會派上用場。

妳也可以試著對家人、朋友、工作的對象施展這句咒語。其實大家都不曾被人好好讚美過——所以會受不了讚美——反應將明顯不同喔！

⋅—————— H I N T ——————⋅

就像對14歲少年說明一樣必須簡單扼要

想讓男性理解的時候，有一項鐵則：「總之不談感受，只講事實」，相信妳會很驚訝溝通竟然如此順利。妳必須說到這等地步否則對方不會明白——甚至要提到細節部分才行。就像對著14歲少年做說明一樣。傳達之前，要想想看這個少年能不能夠理解。

LOVE SPELL
039

我第一次遇到
像你這樣的男生。

激發優越感擄獲他的心

✳ 用法 ✳

想用一句話讓方印象深刻,就念這句愛情咒語。

舉凡對方分享了有趣的經驗、說出深思熟慮的想法、提到他自己其實一直很努力的事、送自己回家等等 —— 在各式各樣的場合都能使用。

妳只要一副興致盎然的模樣念出來,隨後再開始聊是哪一方面的事。

當然不可以說謊。妳必須像在說真心話一樣,具體說明清楚。尤其要告訴對方和其他男性相較之下,哪裡感覺不一樣,如此一來他就會笑逐顏開喔!

✳ 魔 法 的 祕 密 ✳

這句愛情咒語的特色，就是盡力「拿對方與其他男性做比較再好好讚美」。

大家都知道，男性是很愛面子的動物，一輩子都很在意會不會被周遭人比下去。坦白說，他們心裡總是很自卑，覺得「自己的人生不應如此」。

正因為如此，「比其他男性更特別」的感覺，才會強烈深入人心。比妳現在想像的影響更大。

另外還可以變化成其他說法：「真的沒有其他男生能讓我說出這種話喔！」「還有別的男生會像你這樣嗎？」「我第一次遇到你這種男生，真是驚為天人！」

如果他強調某些事情，證明他希望妳好好讚美這件事。請妳一樣要試著施展這句咒語，這會讓談話增添情趣，妳就能擺脫無趣的聆聽者角色。

H I N T

男生被激起優越感就會心軟

男性都有「自卑感」，反過來說，在感到「優越感」的瞬間就會心軟。正因為如此，他們才會離不開讓自己感到優越感（會讓自己覺得很優秀）的女性。請妳試著觀察一下，他對自己哪方面會有優越感。因為我們每一個人都會對某些事存在一種優越感。這一點非常重要。

LOVE SPELL
≋ 040 ≋

眞叫人心跳加速。

日常對話就能讓他怦然心動

✳ 用 法 ✳

約會聊天時，就念這句咒語回應對方。

例如他面臨挑戰，提到「明天就要比賽了」、「要開會」的時候，或是去以前沒去過的店約會、點沒吃過的餐點、決定旅行計畫時、難得下雪的時候等等，在各種場合都能使用。

妳要用輕鬆的態度，就像在表達感想一樣。

重點是要刻意在談話當中，不時提起「心跳加速」一詞。只要加入這四個字 —— 在這場對話中不會感覺奇怪的話 —— 無論怎樣的上下文都無所謂。

✳ 魔 法 的 祕 密 ✳

總之就是要讓對方聽見「心跳加速」的聲音。

關鍵在於輕鬆地說出來。不管是針對什麼事說出來，或是上下文如何都沒關係，愛情以外的話題也可以。要像打乒乓球一樣，多次施展出來，但是必須保持自然。

妳頂多只是在表達妳的感覺，所以他並不會覺得奇怪，自然而然就會聽進去。

但是好幾次聽到「心跳加速」之後，漸漸地他就會開始無意識地感覺，「有妳在就會心跳加速」。這是一種心理技巧，稱作「散布技術」，在諮商時也會用到，非常有效果。

不久之後他應該就會開始探尋心跳加速的原因 —— 於是會得到因為喜歡妳的這個結論。這句愛情咒語無與倫比，真的會讓妳的人生心跳加速。

·————— H I N T —————·

不是自己心跳加速而是要讓對方心跳加速

和很喜歡的人在一起，一定會心跳加速。但是只有自己心跳加速的話，可能會錯過愛情。因為想要讓愛成真，最重要的是讓對方心跳加速。唯有讓對方心跳加速，他才會喜歡上妳。嚴格來說，談戀愛時對方先讓妳心跳加速的話，妳就輸了。一定要將這個事實銘記在心。

LOVE SPELL
041

眞是個好地方。

小聲說話拉近身心的距離

✳ 用 法 ✳

想要提升親密度時，就念這句愛情咒語。

這句愛情咒語必須「小聲地說出來」。示範台詞只是其中一例，其他像是「肚子好餓」、「那個店員真是精神抖擻」、「我們走吧！」等說法都可以施展出來。

重點在於臉要靠近，讓對方聽見妳的聲音，並用柔軟甜蜜的語調念出來。

這會成為你們二人之間的對話，周遭人不會聽見。完全就像身處於二人專屬的世界一樣，自然就會產生如同戀人般的感覺。

✳ 魔 法 的 祕 密 ✳

請妳記住一個觀念，這句愛情咒語必須「調整音量」。

愛情咒語只是照本宣科念出來的話，其實會白費它的效果。譬如戲劇的台詞也是一樣，用不同的方式念出來，給觀眾的印象就會不一樣。最好用適當音量及語調念出來，才能展現出如同魔法般的效果。

具體來說，在活動這類場合相識的情況下，想要突顯存在感的時候，就要「稍微大聲一些」。這是為了讓對方能仔細聽見妳的聲音，但要留意一點，不能因此便大呼小叫。

反過來說，在約會當下想要展現親密度的時候，就要「稍微小聲一點」。其實感覺比較像是在每個重點處放低音量，而不是經常小聲說話。演講也會運用相同技巧，只會在重要的地方壓低音量，因為來賓必須仔細聆聽才聽得見，所以會吸引大家注意。

H I N T

敏銳察覺言語散發出來的情緒

垂淚細訴著「我愛你」，有時也會變成「再見」的意思；開心地說「我要殺死你」，可能會變成「我愛你」的意思。所以要像這樣留意「說話的方式」，而不是「說了哪些話」，妳就會察覺大家說的話意思並不一樣。厲害的人，一定能夠掌握言語之外的細微情緒喔！

LOVE SPELL
042

初戀是什麼感覺？

孕育如初戀般純粹的
戀愛關係

✳ 用 法 ✳

如果想和對方變成男女朋友，一定要念這句愛情咒語。

當他欲言又止的時候，妳可以助他一臂之力：「聊聊兩小無猜的愛情也好，或是長大之後認真談的戀愛也行。」

但是妳千萬不能著急，畢竟重點是要讓他聯想起「初戀的感覺」。隨後再問他：「什麼時候的事？」「是怎樣的女生？」「一定很開心吧？」「你那麼喜歡她嗎？」引導他繼續說下去。

當彼此之間，有一種被初戀氛圍籠罩的感覺時，即代表妳成功了，將能孕育出美好的關係。

✳ 魔 法 的 祕 密 ✳

一想到吃檸檬的畫面，嘴裡就會變酸對吧！

因為人類有一種特性，「一經想像身體就會出現反應」。同理可證，透過談論愛情的話題，可讓他的大腦進入「戀愛模式」。看完愛情電影後讓人想談戀愛 —— 就是要激發出這種狀態。

初戀的話題也是非常關鍵。

多數人的初戀都十分美好。無論初戀到最後是成功或失敗，都是非常重要的回憶。在愛情裡就是要靠「初戀的話題」，才能讓他激發出如此純粹的心情。

而且還能防止他將妳當成朋友。

只要一聊起愛情的話題，無論好壞都能步上愛情的軌道，而不會變成友情。等到感情變好之後才能避免悲劇，以防對方跟妳說：「我對妳從來沒有這個意思。」反過來說，想從朋友進展成情人的時候，也要施展這句愛情咒語。

HINT

想讓對方說話，妳就必須先開口

有時候，對方會不好意思聊初戀的話題。這種時候就要試著由妳主動提起初戀的故事：「像我就是……」在心理治療的世界裡，有句話是這樣說的：「想讓對方聊他母親的事，諮商心理師就要先說自己母親的事。」因為可以營造出讓人想要說話的氣氛。等他開始述說之後，接著再轉為聆聽者的角色。

LOVE SPELL
≧043≦

你是會一見鍾情的人，還是慢慢培養感情的人？

在對方心底種下愛情種子

✳ 用 法 ✳

聊完關於知名人士或是朋友的戀愛八卦、彼此的戀愛經驗之後，終於要換檔說服對方談論自己的愛情觀時，就念這句愛情咒語。

妳可以直截了當地念出來，也可以在聊完過去的戀愛故事後，再施展下述咒語：「你對前女友是一見鍾情？還是慢慢喜歡上她的？」

隨後念出愛情咒語044，讓他進一步聯想到戀愛的感覺，這兩個愛情咒語搭配起來效果將十分強大。這樣的操作步驟，妳一定要記起來。

✳ 魔 法 的 祕 密 ✳

這句愛情咒語，是透過兩個問題組合起來發揮威力。

對方為了回答這個問題，必須在腦海裡擴大愛情的想像。因為妳不是問他要不要談戀愛，而是問他如何談戀愛。

所以談戀愛會變成一大前提。他為了提出答案，便會**強迫自己喚起戀愛的感覺**。這種做法對於讓愛成真 —— 使對方心跳加速 —— 是十分有效果的。

重點不在於從這兩個選項中做出選擇。最厲害的地方，其實是在提問的當下，無論他選擇哪一個答案，妳都能隨心所欲操之在妳。

這是一種名叫「**雙重束縛**」的心理技巧。

比方說「下週或下下週再見面吧？你想要約什麼時候？」用這種方式施展愛情咒語，就會很容易邀約成功。因為不管在什麼時候，他都會想到未來將和妳去約會。

H I N T

愛情魔法要輕鬆施展出來

施展這句愛情咒語有一個祕訣，就是要輕鬆地念出來。目的是為了讓對方沉浸在戀愛的感覺裡，並不是為了讓他做出回答，所以放慢速度詢問他，讓他充滿想像。說得極端一點，他會考慮東考慮西，因此即便得不到他的答案也無妨，妳完全沒必要焦急，耐心地等待就好。這樣的餘韻會像紅酒一樣，讓愛情魔法熟成喔！

```
LOVE SPELL
≋ 044 ≋

當你發現
喜歡上對方的時候，
有什麼感覺？
```

讓對方心底湧現戀愛的感覺

＊ 用 法 ＊

聊完戀愛話題之後，就念這句愛情咒語。

譬如喜歡的類型、過去的戀愛、最近的邂逅等等，任何話題都行，也可以在施展其他愛情咒語之後再念咒語。

就像要稍微轉變話題一樣 —— 看著對方的眼睛，一副興致盎然的模樣 —— 輕鬆地念出來。

接下來再深入追問下去：「那是怎樣的感覺呢？」「每次都是同樣的感覺嗎？」「突然出現這種感覺嗎？」「感覺很暖心嗎？」「這種感覺是漸漸產生的嗎？」越能讓他在心中漸漸體會到戀愛的感覺，效果越顯著。

＊ 魔 法 的 祕 密 ＊

想要和他變成男女朋友，戀愛的話題不可或缺。

這是談戀愛的絕對法則。反過來說，現在正在談戀愛的男女朋友，交往之前都曾在某個時間點聊過戀愛的話題。

只要運用這句愛情咒語，即可使他的大腦強制進入戀愛模式。因為就像在直接祈求，「請讓他心中產生愛情的情愫！」一樣。請妳試著想像一下有人對自己施展愛情咒語，妳就會明白這樣的感覺。

假裝在開心地聊天，背地裡其實在施展厲害的愛情魔法。

這句愛情咒語可算是力量最強大的一種咒語。包含談戀愛之後想加深感情 —— 這個步驟非常重要 —— 妳一定要會好好運用。這句咒語的措辭雖然獨特一些，卻能發揮超群絕倫的效果，請妳一定要學會。

H I N T

愛情咒語透過想像才會變成魔法

這句愛情咒語十分抽象，有些人無法理解，會納悶：「這麼問是什麼意思？」這種時候妳最好舉例說明：「譬如是漸漸喜歡，還是突然喜歡，或者感覺很溫暖等等 —— 喜歡上一個人的時候，都會出現一些感覺。」換另外一種方式解釋愛情咒語，或是補充說明也可以，才能讓對方容易理解（無法理解便看不出效果）。

LOVE SPELL
045

跟我說說你以前最喜歡的人，光想就讓你心跳加速的人。

查探對方喜好
同時讓他心跳強烈加速

✳ 用 法 ✳

想要往前進一步的時候，就念這句愛情咒語。

約會時如果想要拉近與對方的距離，到第二家店的時候，就要花時間針對這個話題好好聊一聊。提問時不是以玩笑的方式，要讓他感覺妳是認真的，因為妳想要了解他。

引導他完全說出來之後，再施展下述咒語：「假如那個人現在就在你身邊的話，你會有什麼感覺？」

這樣可以讓效果更加明顯。因為完全是在無意識中，暗示他：「請你也對現在就在身邊的我，產生這種心跳加速的感覺！」效果非常強大。

＊ 魔 法 的 祕 密 ＊

這句愛情咒語有兩大重點，就是「能夠調查出前女友的類型」，以及「能讓對方明顯心跳加速」。

首先說明一下前者的部分，妳可以釐清「容易讓他動心的類型和言行舉止」，畢竟是向他自己詢問針對他的攻略。對於想要擄獲他心的妳來說，可說是這世上最寶貴的提示。

其次說明一下後者的部分。這句愛情咒語等同在指示：「喚起你心中最強烈的戀愛感覺，讓你現在也心跳加速！」

並不是要讓他產生新的戀愛感覺，而是要喚起存在他心中的戀愛感覺——這種力量才最強大——要讓他對妳有這樣的感覺。

再次利用他心中的感情，不加掩飾地說出來，這樣妳才能迅速擄獲他的心喔！

─── H I N T ───

當他不想聊戀愛話題的時候？

當他不想聊戀愛的話題時，可能是他不覺得妳是可以談論敏感話題的對象。過去妳是不是曾經否定或打斷過他的話？平時妳就應該當個善解人意的人，與他深入對談（愛情咒語068），細心聆聽他說的話。如此一來，他才會認為「妳這個人會願意聽他說真心話」。

LOVE SPELL
046

啊，那個動作眞的會
叫人心跳加速。

讓對方意識到妳是異性
建立男女關係

＊ 用 法 ＊

當對方脫掉外套、調整眼鏡、做出迷人表情，妳覺得很帥的時候，就念這句愛情咒語。

用一副開玩笑的模樣，若無其事地念出咒語，再加上似有若無的挑逗語氣。但是不能讓他過度感覺到，妳因為他的一舉一動而心蕩神迷。因為妳的地位會降低。

接下來就等著看他的反應。

妳千萬不能焦急而喋喋不休。給他一點時間。讓他驕傲的同時，卻也使他摸不著頭緒，「不明白妳是什麼意圖」。藉由沉默愛情才會強大喔！

✳ 魔 法 的 祕 密 ✳

要讓對方有感覺，究竟該怎麼做才好呢？

這部分就是要令對方覺得，「和妳這個人可能有機會發展成男女朋友」。也就是說，要讓他覺得「妳和朋友、工作對象或路人是不一樣的」。

因此才要聊「男女的話題」。

你們的關係取決於談話內容。例如總是在聊前後輩的話題就會形成上下關係，一直都聊工作的事就會產生業務關係。

同理可證，想要變成男女關係，就必須展開適合調情的男女對話。

這麼做不僅是在「談情說愛」，還必須將「妳將他視為異性」的信號發送出去。

這句愛情咒語便內含了這些要素，妳一定要留意到這點。妳要將他定位成異性喔！

H I N T

想要改變關係就要改變話題

這裡提到的心理原則是「想要改變你們的關係，就要進行適合男女關係的談話」，這點妳一定要銘記在心。這次的愛情咒語同樣是在針對一點，「接下來你們要進入到男女關係」（變更未來方向）。並不是要強調公開關係，但在背地裡卻是如此暗示著。這種概念也能運用在戀愛以外的場合。

LOVE SPELL
047

你真是個好男人。

將對方視為異性給予高度評價
掌握主導權

✳ 用 法 ✳

想要讚美對方的時候，就念這句愛情咒語。

譬如他說了一個有格調的笑話、介紹了迷人的咖啡廳、每天都很努力工作、在興趣或工作方面展現成果、送妳到車站、誇讚妳的指甲或發現妳的髮色變了，這些時候都可以施展咒語。

妳不要感到不好意思，要若無其事地念出咒語。

就當作隨口讚美的措辭，但不是只念一次就結束。每次都要不吝讚美 —— 避免話中有話的感覺 —— 這才是施展咒語時的一大祕訣。

✳ 魔 法 的 祕 密 ✳

這句愛情咒語隨時都能使用，而且非常好用。

在效果方面，「可以強調自己一直將對方當成異性」、「可以掌握主導權」。

後者不容易理解，所以要說明一下。

這句愛情咒語乍看之下，感覺是一句很簡單的措辭。但要注意內含下述含意：「是由我來判斷你是不是好男人喔！」

所以妳的地位就會在他的潛意識中上升。每次念咒語時，妳就可以一步步地掌握主導權。

不只要在交往前施展這句咒語，甚至在交往之後也能使用。尤其是容易被人玩弄的女性，更要多多練習這句咒語，讓自己擺脫這種命運。

請妳務必要當作口頭禪。當妳變成更高格調的女人之後，只是正常呼吸，也能擄獲男人的心喔！

—————— H I N T ——————

讚美並非諂媚

讚美方式有分好壞。好的讚美方式是大大方方地稱讚對方，彼此認同，建立起對等的關係。不好的讚美方式是不必要地吹捧、奉承並夾雜著自虐。也就是說，這種稱讚方式會拉低自己的地位，如此一來會使對方逐漸變成暴君，所以讚美需要彼此認同。沒必要壓低自己的地位喔！

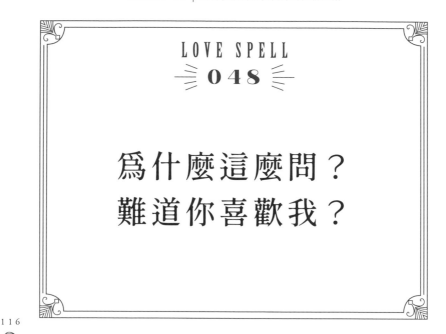

LOVE SPELL
048

為什麼這麼問？
難道你喜歡我？

被問到難以招架的問題時
可以反過來讓對方心跳加速

＊ 用 法 ＊

被問到會心跳加速的問題時，就念這句愛情咒語。

具體來說就是愛情方面的問題，例如：「妳有喜歡的人嗎？」「妳喜歡什麼類型？」「妳以前和怎樣的人交往過？」

首先妳要念出這句咒語：「為什麼這麼問？」接著再看看對方的反應。他應該會無言以對，也可能會急著解釋不停。所以接下來妳要放出第二支箭：「難道你喜歡我？」妳不需要太認真地問他，用調戲的語氣即可，形勢就能逆轉過來。

妳要事先備妥一個好用的答案，在緊要關頭就能派上用場。請妳將這句咒語當作反擊的魔法，好好記下來吧！

✳ 魔 法 的 祕 密 ✳

男女之間談情說愛在所難免。

此時在檯面下，往往潛藏著心理地位的爭奪戰。若能說出好聽的話，愛情就會有進展，回答得不理想的話，關係便會疏遠。因此雙方都會在無意識中，查探彼此的地位高低。

話雖如此，愛情方面的問題總有難以回答的時候。

一旦說出真心話，感覺立場會變弱也會不好意思，更不知道這個答案正不正確。甚至在不知所措下，只能做出無可非議的回答。

這種時候妳更要想起這一點，「其實沒必要認真回答所有的問題」。

反而應該保持一貫立場處於優勢，避免正面回答。即便要認真回答，也要先試著彼此開開玩笑再告訴對方正確答案，才會讓妳更顯魅力喔！

· ─────── H I N T ─────── ·

戀愛是相互審查的遊戲

轉為審查對方的角色，地位才會提升。問對方年齡、纏著對方聊有趣的事、讓對方請喝咖啡 —— 這些問題都潛藏著審查的感覺，妳有看出來了嗎？這次的愛情咒語，是在被人審查時，變成反向操作的「反審查」，算是一個十分高明的技巧。妳一定也要試著想像一下，對方心裡的情緒變化。

LOVE SPELL
049

只能分手了！

詮釋男女對話
進一步觸動對方的心

✴ 用 法 ✴

意見不同的時候，就念這句愛情咒語。

舉凡對食物的喜好、偏好的音樂類型、愛喝咖啡或紅茶等等的時候。祕訣在於妳要提出逗趣的話題，讓對方知道這是玩笑話。甚至還可以刻意提出這類的問題。

施展咒語時，記得加上稍微誇張一點的演技。

相信他會因此而笑出來，說不定還會接著表示：「妳不要這樣說！」此時還可以施展下述這句咒語：「我是為了彼此好。雖然我覺得沒有其他女生比我更適合你了，但還是請你加油吧！」

✴ 魔 法 的 祕 密 ✴

就像在宣告愛情結束一樣，一定會叫人心跳加速。

但是這次的愛情咒語，最重要的是要在交往之前施展出來。當作一種玩笑話。

還沒開始交往，卻已經像男女朋友一樣拌嘴。所以反過來說，會孕育出似乎已經在交往的氛圍。

這句愛情咒語要留意一點，即便在類似戀人關係的一來一往中，還是立場占上風的人才會說出這句台詞。

所以順著台詞的氣勢，就可以決定一個人的地位。也就是一面越界進入男女關係，同時妳還扮演選擇男性的角色。

畢竟根本還沒有在一起，所以他也只能當作玩笑話聽聽。但是卻能在他內心深處，營造出意想不到的寂寥感覺，令他耿耿於懷。

────── H I N T ──────

讓對方意識到妳是女性的方法

想讓對方意識到妳是女性的話，就要先將他視為男性。妳可以利用像愛情咒語這類化為語言的方法，也有一些具體行動的做法，例如突然耐人尋味地盯著他、觸摸他的手、靠近他的身體。在不同的時間點及氣氛下，讓對方覺得普通的行為卻耐人尋味，發現這是「妳將他視為男性的信號」。這種心靈感應般的互動，也是戀愛的美妙之處。

LOVE SPELL
050

小時候你一定是個奇怪的小孩。

120

就像認識很久的熟人一樣
讓對方充滿親切感

✳ 用 法 ✳

這句咒語有一個祕訣：要用肯定的語氣念出來。

與其問對方喜歡的音樂，不如用堅定的語氣說：「感覺你喜歡聽爵士樂。」比起單純的提問，這樣更會吸引他的注意，也容易問出他的答案。

這種「肯定的說話方式」，請妳一定要學起來。

念完咒語之後，再問他：「你小時候是怎樣的小孩？」讓他暢聊小時候和青春期的事情。

妳還可以堅定地跟他說：「感覺你就是對國語沒轍！」「你好像會窩在教室角落讀書！」用這類說法炒熱氣氛吧！

✳ 魔 法 的 祕 密 ✳

想要回答這句愛情咒語，就非得回想起小時候才行。每次回答時，眼前一定會浮現出鮮明的回憶及過往經驗。

其實這就是這句咒語的目的。

只要一聊起小時候的事，就像擁有相同的過去 —— 如同認識已久的熟人般 —— 會讓對方引起共鳴，使他倍感親切。

而且小時候的事情，也容易發展出重要的回憶、難得談論的人生插曲。

所以可以觸碰到對方純粹的感情。讓他打開心房，使妳的存在變得很特別。若能讓他說出「很久沒提起這件事」的話，更是完美。

在第一、二次約會時，想讓聊天更盡興的話，就施展這句咒語吧！妳可以一口氣建立起高度信任關係。

H I N T

我 們 會 希 望 別 人 說 自 己 很 奇 怪 嗎 ？

留意這句「奇怪的小孩」。妳有發現雖然是玩笑話，卻會激發一個人的自尊心嗎？事實上當我們聽到別人說自己「很奇怪」或「怪胎」，竟然會感到有些開心。因為這讓人覺得自己很特別，所以本質上是屬於讚美之詞，於是不得不接受這樣的說法。像這樣運用巧妙的手法，激發對方的潛在欲望，也是戀愛的絕竅之一。

LOVE SPELL
≡ 051 ≡

今年
你有想做的事情嗎？

為下一次約會埋下伏筆
讓關係持續到未來

✳ 用 法 ✳

想要約定下一次的約會時，就念這句愛情咒語。

　　就在約會到一半之後，用閒聊的方式將咒語施展出來。還可以配合當時的氣氛，變換「想去的地點」、「想去的店」、「想去看看的地方」。

　　相信對方的回答會是出國旅行、買相機、去遠一點的咖啡廳，或是朋友推薦的餐廳等等。

　　讓他充滿這方面的想像，同時參與他的幻想：「我也很想去公園走走呢！」「我也好想點甜點來吃！」「回家之後肯定會累得半死吧？」

＊ 魔 法 的 祕 密 ＊

這句愛情咒語的重點，是要談論「未來的話題」。

除了可以「更容易邀對方出門約會」（愛情咒語035）之外，至少還能夠「促使你們的關係在容易想像的這一年內持續下去」。

找藉口提到想做的事情或是想去的地方，聊聊未來的事情，便會對未來充滿想像。所以妳在聊天時有一大前提，必須充分提到你們的關係會持續到未來。

越是能夠想像到二人的未來，在他腦海中就會開始覺得，讓你們的關係持續到未來是理所當然的事情。

舉例來說，如果是家人或朋友，一定都會聊到幾個月後的活動，或是明年要去旅行的事。就是這樣的感覺。

妳同樣也要加入他未來的人生計畫當中 ── 共享對於未來的幻想 ── 這才是最重要的事。否則他就只會想要自己一個人，單獨實現這些計畫。

123

────── H I N T ──────

趁著約會期間談論下次想去的地方

不管是第一次見面，或是正在約會當中，都要聊一聊想做的事情，或是想去的地方。妳可以自己提起，也可以讓對方談及。妳還可以趁著約會這天約他：「我們現在就走吧！」也可以過幾天再約：「我們去上次提過的地方吧！」約會的目標，就是要努力敲定下一次的約會。為下一次約會埋下伏筆吧！

LOVE SPELL
052

未來你想住在 怎樣的地方？

談及對方的人生規劃
讓關係持續到遙遠未來

✱ 用 法 ✱

在約會期間將這句愛情咒語當作開心的話題念出來。

先利用其他的愛情咒語聊到愛情話題，或是深入話題到某種程度之後，再施展這句咒語。因為相同的問題，還是要等到建立起信任關係之後再問，才能看出更明顯的效果。

比方說哪個國家或地區、房子外形、離車站近的地點是不是比較好、室內隔局、房間裝潢、與公司的距離、鄰居、要不要養寵物、要不要靠海邊──諸如此類都要大聊特聊。當作脫離現實的幻想話題，好好樂在其中。如同常見的閒聊一樣，效果會更好。

✳ 魔 法 的 祕 密 ✳

這句愛情咒語是為了促使你們的關係能夠持續到未來。尤其聊到了未來住所的主題，對於更遙遠的未來 —— 要讓你們的關係持續到那時候 —— 會讓人充滿想像。

再配合你們居住的地方，一步步將工作、生活、體驗、人際關係、人生全部編造出來。換句話說，住所將會成為人生規劃的基礎。總之施展這句愛情咒語之後，就可以讓他對「自己的未來一切」充滿想像。

做著怎樣的工作、堅持何種生活模式、擁有怎樣的心情及體驗 —— 甚至要讓他聊到這方面的事。

當然妳也要出現在他的未來當中，聊著：「我們屋裡要不要擺紅色沙發？」「工作結束後我們去海邊潛水吧？」「餐後我們圍著暖爐打撲克牌吧？」參與他的未來是非常重要的一件事。

因為要讓他在私底下感覺，妳總是陪在他身邊。

H I N T

可以快樂度過一生的伴侶

雖然聊什麼都可以，但是談及未來的話題時，最重要的是要聊正向的事情。就像下雨了還是可以享受讀書之樂。妳也知道人生充滿苦難，這種事情他也心知肚明。正因為如此，若能讓他覺得「有妳在人生應該就能過得很快樂」的話，妳就所向無敵了。因為他在尋找的，正是可靠的伴侶。

LOVE SPELL
≡ 053 ≡

我想在
某一個國家開咖啡廳，
你能來當店長嗎？

快樂幻想
讓關係持續到永遠的未來

＊ 用 法 ＊

發展十分順利之後，就念這句愛情咒語。

先聊一些認真的話題，或是穿插玩笑話和其他愛情咒語之後，再用開玩笑的方式念出咒語。

重點是要兩個人一起編織出這樣的幻想。

比方說：「開在歐洲比較好吧，法國如何？」「我會每天去上班，但是想坐在店後頭讀書。」「工作人員的制服還是白襯衫加背心比較好吧？」「需要賣酒嗎？」

目的是為了快樂地幻想，因此誇張一點也無妨。而且妳還要分派職務給他，最重要的是讓他參與這些想像。

✳ 魔 法 的 祕 密 ✳

讓對方幻想二人未來情景的作戰計畫，就像這句愛情咒語一樣，在有些出人意料的情況下也能加以運用。

只要能在約會期間對未來勾勒出清晰的樣貌，無論有沒有實現都無所謂，因為已經展現出十足的效果了。

這句愛情咒語只是其中一例。只要是你們可以一起參與的未來話題，不管是乘船環遊世界，或是上外太空旅行，甚至以樂團出道都可以。

順便說明一下，這個咖啡廳的話題重點在於職務的部分，「由妳當老闆，他擔任店長」。

妳看出來上下關係已經在暗中形成了嗎？

舉例來說，妳越常跟他說：「教育工作人員的事就麻煩你了！」妳的地位就會提升。當他做錯事時，妳開玩笑地說：「你被開除了！」這樣也能強調二人之間的上下關係。

請大家試著在自己人生故事中活用看看！

━━━━ H I N T ━━━━

說不定會讓他沉浸在話題之中

其實人本來就很喜歡出人意料的幻想。大家小時候也都很喜歡幻想吧！從好的一面來看，可以不負責任地異想天開，總會令人興奮難耐。幻想本身就讓人熱血沸騰，所以十分推薦大家在約會時這麼做。像小時候一樣，超乎常識提出各種天馬行空的點子來吧！

LOVE SPELL
054

我好像很久
沒這樣笑過了。

激發男性本能
讓對方覺得雙方投緣

✳ 用 法 ✳

當妳想讓對方開心的時候，就念這句愛情咒語。

每次他帶給妳快樂，願意嘻嘻哈哈地說珍藏笑話給妳聽時，等到妳笑過之後，再輕鬆地用他聽得見的聲音施展咒語。最重要的是要一面感謝他的服務精神，同時「開心地笑出來」。

真的不好笑的時候，妳沒必要念出咒語。但是用誇張一點的方式告訴對方的話，會顯得妳很可愛！

雖然和喜歡的人說話自然會滿臉笑容，但是請妳務必在笑完之後施展咒語。他的臉色一定會起變化喔！

✴ 魔 法 的 祕 密 ✴

男性都會有討女生歡心的欲望。

　　換句話說，就是「希望別人覺得他很風趣」、「希望別人覺得他腦筋靈活」、「希望引起異性的注意」、「希望異性覺得他有能力讓對方快樂」。

　　所以施展這句愛情咒語，讓他見到妳誇張的笑容，便可以滿足他的欲望。

　　對於妳這個人，他應該也會覺得很投緣或是很好相處。因為沒有妳的話，他就無法體會這種滿足感。所以專屬你們的世界即會成型。

　　另外妳還要像愛情咒語**039**這樣，暗中讓他知道「他的水準和妳以往認識的男性都不一樣」，這點也是非常重要。因為男性的本能就是習慣帶來歡樂。

　　妳還要學會一種手法，不要正經八百地念出咒語，而要用輕鬆的語氣告訴對方，才會更有真實感。

129

Ｈ Ｉ Ｎ Ｔ

不要羞於表達正向情緒

　　除了笑之外，還有許多正向的情緒，例如感動、尊敬、喜悅、親切等等。在戀愛以及人際關係當中，能夠適度表現出這類情緒的人，會十分吸引人。關鍵在於「別人無法敏銳察覺妳的情緒，如果不用誇張的語言及行動表現出來，這些情緒不會有人知道」。請大家一定要簡單明瞭地表現出來。

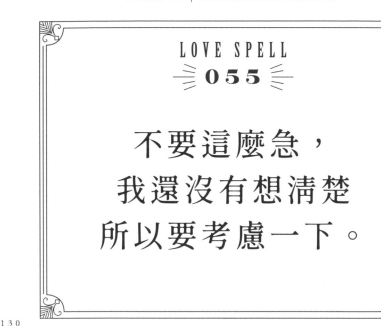

LOVE SPELL
≋ 055 ≋

不要這麼急，
我還沒有想清楚
所以要考慮一下。

拒絕唐突的肢體接觸及告白
對方才會更想得到妳

✳ 用 法 ✳

感覺他的肢體接觸或告白為時尚早的時候。

才剛認識沒多久，對方卻想要接吻，或是特別熱情地告白，甚至提議今晚想一起度過的時候。妳能允許到何種地步是個人的自由，但是當他企圖觸犯妳的底線時，就念這句愛情咒語。

妳不必生氣，也沒必要害怕。這句咒語的祕訣就是要大大方方地念出來，因為否決權在妳的手上。

還有一個關鍵，妳要確認他現在正處於「焦急」的狀態。因為拒絕他的同時，也要暗中讓他覺得他十分渴望妳。

✱ 魔 法 的 祕 密 ✱

在男性的大腦裡，有戀愛與情欲這兩扇門。

敲開情欲之門 —— 進行肢體接觸 —— 妳就可以得到男性的青睞。只要讓對方興奮起來，當下妳就會覺得自己受他重視，被他喜愛。

但是基本上來說，我並不建議這麼做。

撇開禮儀或道德的問題，這只是因為人有一種特性，**對於容易到手的東西往往不會珍惜。**就像同一件衣服，朋友送的和預訂之後花重金買回來的，珍惜的程度就是不同。

坦白說，當男性確定自己能輕易「得到這個女人的身心」之後，他的心馬上就會遠離了。

所以妳要吝於獻出自己。要像想得到卻得不到的寶石一樣。如同眼前垂著毛線的貓一般，引誘他愛上妳。

H I N T

想讓對方愛妳就別談性愛話題

一聊起性愛話題，就會點燃他的性慾。請妳千萬要小心性愛的話題。或許有時候必須提到，但是要將「戀愛」與「性愛」的主題明確區分開來。性愛會有終點，愛情卻沒有終點。談論戀愛的話題時，要設法將對方強拉進沒有出口的迷宮裡喔！

LOVE SPELL
056

我要回家了，你可以送我嗎？

讓對方像對待公主一樣
珍惜自己

✳ 用 法 ✳

約會要結束時，就念這句愛情咒語。甚至可以在第一次約會便施展出來，也建議妳在開始交往之後繼續施展這句咒語，讓對方做出承諾，妳才會一直被他珍惜。

關鍵在於，要真的讓他送妳回家。

因此施展咒語的方式要特別留意，語氣必須自然，不可過於矯情。將他視為紳士一般地請他送妳回家，至少不可以用高高在上的語氣命令他。

除了請他送妳回家之外，還可以請他來接妳去約會。這句咒語妳一定要試試試看看喔！

✳ 魔 法 的 祕 密 ✳

請妳想像一下，約會結束後對方願意送自己到車站或家裡的女性。相信妳會覺得——這是一個備受寵愛的女性——往後妳就會變成這樣。

這在心理學的角度來說，並不是「因為備受寵愛對方才會接送」。很有趣的是，其實是因為「習慣讓對方接送才會備受寵愛」。

至少這兩種情形都是有可能的，不過這句愛情咒語是利用了後者的心理現象。

因為每次約會便施展這句咒語，會灌輸這個女性值得慎重對待的觀念到他腦海中。而且這句咒語可以在想讓愛成真時派上用場，想要擺脫不幸關係時也能用得上。

同時也是為了避免危險，女性請對方接送其實百利而無一害。因為妳值得受到這樣的對待。

· ———————— H I N T ———————— ·

接送時要像女主角一樣落落大方

向對方道謝非常重要，但是過於惶恐的話，會讓對方瞧不起。道謝時不能貶低自己的價值——這方面的拿捏非常重要。電影裡的女主角，只會用輕鬆的語氣說聲「謝謝」。如此一來，他在直覺上才會覺得妳是重要人物。等到開始交往之後，再請妳參考愛情咒語 **080**。

LOVE SPELL
≥ 057 ≈

時間過得好快。

在約會結束時給對方最佳印象

✴ 用法 ✴

約會結束時，就念這句愛情咒語。

踏出店門後，或是二人分開之前，都可以在回程路上施展這句咒語。類似在告訴他，這一天約會下來「感覺時光飛逝，讓人很快樂」。

彷彿只是在表達妳的個人想法。千萬不要假設他一定也有這樣的感覺。

請妳看著他的臉，笑容可掬，依依不捨地念出咒語。

妳不必勉強自己去討好對方，只要將此時的心情坦率表達出來即可。

✴ 魔 法 的 祕 密 ✴

想讓對方在約會時感到盡興，有什麼祕訣嗎？

其實就是「讓他看到妳開心的模樣」，因為他的目的就是要「討妳歡心」。

他就是他 —— 如同平時的妳一樣 —— 都會擔心眼前的異性在約會期間是否感到開心。害怕開心的人只有自己。

正因為如此，只要看見妳快樂的模樣，還有聽到「開心」一詞，他就會很高興。這時候他才會開始覺得這次約會很成功，自己也樂在其中。

就像套餐的印象取決於最後的甜點一樣，回程時留下一些餘韻，將左右整場約會給人的感覺。

最後要向內心一直惶惶不安的他施展這句咒語，如同在告知約會的評分結果一樣。歡樂時光總是過得特別快。他會明白這個道理，滿足又開心的！

·———— H I N T ————·

強調妳在約會期間十分開心

千萬不要過度專注於施展愛情咒語，因而面帶可怕的表情。請妳記住一點，約會時要讓對方看到妳開心的模樣。反應要稍微誇張一些，明確表達「妳很開心」。做到這等地步，他就會知道妳是快樂的。只是默默地樂在其中，對方不會感受得到，所以要簡單明瞭地表現出來喔！

SCENE
04

催化感情
讓對方成功告白的
愛情咒語

多次約會之後就要加深談話內容。

妳要針對彼此的人生以及價值觀「深入對談」。
加深對話後，才能擁有深厚的關係。

目標是要塑造出專屬於二人的氛圍。
聊一聊夢想和祕密，或是過去種種及煩惱，
將其他人逐出這個世界，讓他覺得不想要離開這裡。

當你們的關係越緊密，
也能避免對方對妳做出不誠實的行為。
讓妳成為特別的存在，妳就能與對手拉開距離。

本章節是用散發「智慧」香氣的魔法墨水寫成。

猶如神祕大海般的深奧香氣，
只會在必要時刻讓妳察覺它的存在。
這種看不見又摸不著的藍色大海香氣，
妳會喜歡嗎？

。
請妳務必感受著智慧的香氣，
沉浸在意識的大海裡。

LOVE SPELL
≋ 058 ≋

了解越多，
越有心動的感覺。

直接表達妳的好感
讓對方心跳加速

✳ 用 法 ✳

感覺對方已經被妳吸引後，就念這句愛情咒語。

具體來說，要等到妳開始強調他的工作能力很好，十分獨立自主，還有他變得很常探聽妳的私生活，以及開始讚美妳的時候。

妳要站在審查的角度，同時心態上要放輕鬆，試圖用嚴肅一點的態度告訴他，這樣的細膩情緒非常重要。

這句愛情咒語，對他來說算是「充滿希望的暗號」。

不過這只是一個範例。只要能夠達到目的並引起對方興趣，無論用怎樣的話語傳達都無所謂。

✳ 魔 法 的 祕 密 ✳

在約會初期，不可以讓對方發現妳喜歡他，否則他馬上就會忽視妳。因為人對於輕易得到的東西，往往不懂得珍惜。

反過來說，剛認識的時候要裝作有些冷漠的模樣 —— 並不是板著一張臉，而是用大方直率的態度與對方相處 —— 才會格外顯出妳的價值。然後讓他想要得到妳，這是基本的作戰方式。

不過只裝作毫無希望的模樣，在這種情形下無論妳將自己詮釋得多有價值，還是會讓他溜走。因為他會覺得，反正永遠得不到妳。

所以妳必須避免這種情況。等到妳突顯出價值，他讓妳看到充滿希望的暗號之後，妳也應該回覆他充滿希望的暗號。如同在鼓勵他一樣。

即便沒有明確表白，也要用話中有話的方式，就像交換信號一樣地告訴他：「我們似乎是兩情相悅。」

H I N T

別錯過充滿希望的暗號

再為大家介紹其他充滿希望的暗號，例如在聊天時，「妳說的話不好笑對方卻暗自竊笑」、「向妳強調沒有新對象」、「試圖讓談話繼續下去」、「問妳有沒有男朋友」、「推測妳有很棒的男朋友」或「一說到妳有煩惱就會想提供協助」等等。當妳能掌握住這幾個特點時，都可以施展這句愛情咒語喔！

LOVE SPELL
059

或許大家都說你很冷漠，但我覺得很多時候你只是害羞而已。

點出對方本性
收服他的心

＊ 用 法 ＊

當對方的言行舉止很冷漠時，或是有些攻擊性的時候。

另外還可以配合他給人的印象，改用「看起來很可怕」、「全身帶刺」、「給人很大壓力」、「冷漠無情」、「沉默寡言」、「盛氣凌人」、「愛講道理」或「感覺很掃興」等說法。

像是在猜測他的為人一樣，將這句咒語施展出來。讓他覺得妳這個朋友特別了解他這方面的心情。

當對方問妳從哪裡發現的時候，妳可以說：「無意中從表情、說話方式就能感覺出來。」實際觀察之後，妳一定會察覺到的。

✳ 魔 法 的 祕 密 ✳

這句愛情咒語有一大祕密，就是最後會發現，每個人「很多時候都只是害羞而已」。沒有人在其他人面前，不會感到絲毫的緊張。說得直白一點，他全身的氣質以及外在觀感，都是因為「害羞」的緣故。

總而言之，這句愛情咒語道出適用於每一個人的事實。

而且在這裡使用到的語法，「雖然你看起來……事實上卻是……」，力量非常強大。

坦白說，每個人都是一體兩面，譬如「看起來臉皮厚卻容易受傷」、「看似無情卻是性格直率」、「表面嚴肅卻很煩人」或「熱愛戶外活動卻也喜歡窩在家裡」。

若能將這些情形套用上述語法表達出來，就會讓他感覺自己的個性完全被說中了。這也是占卜師及諮商師都會偷偷使用的技巧。

· ——————— H I N T ——————— ·

視對方為一個人而非一個角色

角色是「依據單一特性表現出來的模樣」。好比充滿活力的角色，直到最後都會精神奕奕一樣。但是我們並不是出現在動漫中的人物，我們每天都會不一樣，隱藏著種種特性。人見人愛的人，或許隔天也會心情沮喪，不想見到任何人。因為他也是擁有無數張面孔的人類。

LOVE SPELL
060

老實說你很溫柔體貼， 肯定會成為一個 好爸爸。

讓他充滿想像
對結婚懷抱憧憬

✳ 用 法 ✳

當妳感受到對方的溫柔體貼時，就念這句愛情咒語。

比方說他幫妳拿包包、來接妳、提供妳建議、給妳鼓勵或逗小孩子笑 —— 肯定會遇到許多場合。切記要在他做完這件事後，馬上施展咒語。

前半段要看著他的臉，深深感受他的溫柔體貼融化妳之後，再念出咒語。後半段要回到比較輕鬆的語調，以免氣氛過於沉重。

這句愛情咒語光靠前半段就能正中對方下懷，但妳要確保用輕鬆的語氣念出來。

✳ 魔 法 的 祕 密 ✳

這句愛情咒語的用意，是要操控對方成為「溫柔體貼適合當爸爸的男性」。

這句咒語是在告訴他，「你在我眼中是這付模樣」，利用了所謂「標籤理論」的心理技巧，引導對方出現這種傾向。一直告訴對方「你真的很體貼」的話，每一個人都會變成體貼的人——讓人不能再做壞事——進而出現這樣的轉變。

而且「老實說」這幾個字，才是重點所在。

因為妳彷彿看穿了他隱藏起來的優點，事實上這句讚美適用於每一個人。舉例來說，就連表面上看不出來，不管再嚴肅、再冷靜、再害羞的人，當別人懂你的時候，一定都會點頭稱是。

整體來說，目標就是要激發出他的溫柔體貼，同時還要暗示結婚的事。並不是隨口說說，而是要讓他在一瞬間，充滿對家庭的想像。

143

━━━━━━ H I N T ━━━━━━

促使他成為好爸爸

在男性的心中，同時具備「優秀父親」與「優秀雄性」這兩種特質。前者是身為忠實的另一半，協助養兒育女；後者則是魅力十足，卻有外遇的可能，類似這樣的感覺。所以男性總會強烈表現出這兩種氣質當中的其中一種。想要維持忠誠的關係，最重要的是從他心中激發出「優秀父親」的特質。

LOVE SPELL
≡ 061 ≡

像你這樣的人，
眞的會讓人喜歡上你。

用強烈說法射穿對方的心

✳ 用 法 ✳

在約會當下這類重要場合時，可以念出這句愛情咒語。

妳要一面凝視著他的雙眼，一面施展咒語。避免像愛的告白一樣，語氣不能太認真，切記要輕鬆地念出來。這句話本身就力量強大，所以要恰到好處用適當的語氣念出來。

譬如聊到彼此的印象時、一起開懷大笑之後，或是他的表情曖昧、幫妳打開餐廳大門等場合下，真的讓妳有這種感覺時，再施展咒語即可。

後半部分也可以換成「我會忍不住」、「我最喜歡了」，要運用一些可能會正中他下懷的措辭。

✳ 魔 法 的 祕 密 ✳

重點在於不能明白說出「我喜歡你」這句話。

妳只是在說「像你這種人會讓人喜歡」，所以並不是在告白。箇中差異非常重要。

但是站在他的角度，並無法確定妳是在告白或閒聊。雖然空歡喜一場會讓他感到不好意思，事實上卻是很開心，因此他的情緒會被妳動搖。而且還能讓他注意到妳 —— 可說是愛情高手才懂的作戰手法。

聊天的過程中，妳也可以突然穿插一句「話說回來」，再將咒語施展出來。

妳不必在意話題的進展如何，因為他越是受到驚嚇，對他內心的影響越大。中斷對話施展咒語的這種技巧，可以用在絕大多數的愛情咒語上，所以妳一定要學會。

這種說法便稱作「說服的語言」。

妳要像銀色子彈一樣將它藏起來，遇到人生重要時刻時，希望妳一定要將這句愛情咒語施展出來。請妳將他的心射穿。

● ——————— H I N T ——————— ●

讓對方喜歡妳就是要動搖他的情緒

　　戀愛端看妳如何動搖對方的情緒。此時有一大原則，「情緒被人動搖的一方，地位會低於對方」。正因為如此，只要事先擬定作戰計畫，將設想周到的強力愛情咒語施展出來 —— 就能減輕當天的負擔 —— 讓自己的情緒不會被人動搖，並且可以有效動搖對方的情緒。

LOVE SPELL
≋ 062 ≋

你有點像
我喜歡過的人。

146

脫口而出的一句話
會讓對方一直心跳加速

＊ 用 法 ＊

約會當下氣氛平靜下來的時候，就念這句愛情咒語。

趁著妳聊到他的個性以及對他的印象，還有對話內容更深入的時候，用意味深長的語氣施展咒語。

接下來再說：「那是我的高中同學」，向他說明是曾經喜歡過的人。尤其要提到「他們二人有相似之處」。妳要針對內在的部分，而非外表——才能營造深奧的感覺——告訴他在氣質、想法、動作、語調等方面十分相像。

除此之外，還要說說「曾經有多喜歡」，但要記住這兩方面都不能長篇大論，必須將注意力放在眼前的他身上。

✴ 魔 法 的 祕 密 ✴

這句愛情咒語也一樣，重點並不是在告白。因為妳頂多只是在說對方很像曾經喜歡過的人。

但是以他的角度會開始思索：「她是不是也喜歡我？」「是不是自己想太多了？」「她說這句話是什麼意思？」因而對妳越來越好奇。

讓他心跳加速的愛情咒語，最大祕訣可說就是「讓對方感覺妳喜歡他卻不說出口」。

一旦妳直接跟他說「我喜歡你」，他對妳就不會再魂牽夢縈了。因為他明白妳想得到什麼之後，接下來只需要做出YES或NO的答覆——所以主導權就會掌握在他手上。

正因為如此，最有效的做法就是「讓對方感覺妳喜歡他卻不說出口」。換句話說就是向他提出沒有答案的問題。如此一來他的心裡就會永遠想著妳。

H I N T

讓對方對妳充滿想像

想讓對方喜歡妳，就要讓對方在無法見面的時候，也要想著妳。舉例來說，將書借給他之後，每次他見到這本書就會想起妳。他去旅行時，請他拍當地的照片，或是麻煩他買伴手禮，如此一來他到達目的地後就會想起妳。所以除了愛情咒語之外，還有這類的做法可以參考。

LOVE SPELL
063

你是不是臉紅了？

削弱對方地位就能掌握主導權

✻ 用 法 ✻

感覺對方似乎在害羞時，就念這句愛情咒語。

譬如在讚美他之後，或是聊完戀愛的話題之後。畢竟是與異性在一起，難免會有臉紅的時刻。甚至在念完其他愛情咒語後，像是要繼續進攻一樣地施展這句咒語，更能夠使對方心跳加速。這樣一連串的愛情咒語作用力也非常強大，十分推薦給大家。

就像突然想到一樣，將咒語施展出來。

這種做法非常狡猾，其實關鍵在於即便他沒有臉紅，也可以念出咒語。除非現場有鏡子，否則他根本無從確認。雖然有些奸巧，卻效果顯著。

✴ 魔 法 的 祕 密 ✴

會臉紅的人，代表是內心被動搖的一方。

施展這句愛情咒語，就是在告訴對方：「你的心已經被我動搖了！」那一瞬間，更會擾亂他的心情及步調。

但是他卻無計可施。

臉紅是一種無意識的反應，所以無法控制，因此只能接受。讓他覺得不好意思 —— 轉眼間他的地位就會下降 —— 妳將可以觀察到這些現象。

有趣的是，每次施展這句愛情咒語之後，對方的臉就會真的變紅。

因為在他心裡已經有感覺了，所以身體才會照著這種感覺產生反應。證明他的心真的被妳強力動搖了。口中的謊言竟然成真了 —— 可說是十分巧妙的心理誘導。

━━━━ H I N T ━━━━

讓對方害羞在愛情上才會占上風

妳要記住這項法則。例如下述這些愛情咒語都可以好好運用：「從剛剛你就一直很在意瀏海呢！」「被人讚美之後你的鼻子就會抽動呢！」妳也許會覺得失禮，但是我們都會喜歡被感覺親密的異性挑逗。當然妳要充滿愛意地念出咒語。覺得很難說出口的人，用認真的態度問對方也會很有效果。

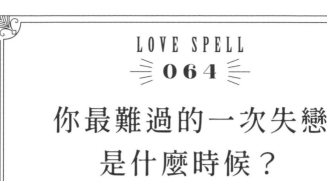

LOVE SPELL
064

你最難過的一次失戀是什麼時候？過去哪一段感情談得最順利？

讓對方的戀愛感覺升溫
贏得交往機會

＊ 用 法 ＊

聊戀愛的話題時，就念這句愛情咒語。

想要更加深入地談心，取得他的情報，談笑風生的時候，便適合施展這句咒語。

但是妳不可以一臉嚴肅的模樣，祕訣是要興致盎然地念出咒語。就像隨意訪談一樣。

前半段與後半段分別是不同的愛情咒語。妳可以一起念出來 ── 讓戀愛的話題流暢進行 ── 也可以當作個別的愛情咒語施展出來。

重點是要針對出現的話題，深入挖掘下去。

✳ 魔 法 的 祕 密 ✳

前後兩句咒語都能挖掘出對方過去的戀愛經驗。

前者會讓他說出衝擊最大的戀情，動搖他的情緒。也許還會涉及他內心深處的愛情觀。

後者則是依據諮商技巧中的「尋找例外」以及「生存問題」。

換言之，就是問對方：「你在談戀愛時應該會有很順利的時候，也會有很不順利的時候，通常你會怎麼做？還有你在什麼狀況下才會很順利？」

尤其是他認為什麼時候談戀愛很順利，這部分將會是很大的提示。因為他為了讓愛情長長久久，往往會隱瞞一些重要的事情。

無論怎樣的愛情，肯定都會有感受到幸福的日子或瞬間。在什麼條件下，或是在怎樣的心情下才是美好的愛情，妳要試著去找出「讓愛情順利進展的關鍵」。

H I N T

透過生存問題獲得勇氣

原本生存問題是這樣運用的，不管在如何艱難的情況下，都要提出下述問題：「能夠撐到這一步已經很棒了。妳是如何應付過來的呢？妳是如何求生存才能避免事態更糟的呢？」自問自答也沒關係。盡全力好好讚美勇敢活下來的自己吧！

LOVE SPELL
≋ 065 ≋

你以前喜歡的人，
曾經和其他男生
交往過嗎？

點燃對方競爭心理
誘使他告白

✳ 用 法 ✳

想要誘使對方告白時，就念這句愛情咒語。

施展這句咒語是為了展開新的戀愛話題，但是沒必要讓對方出現一種「妳會被別人追走」的感覺。

大部分的男性都會做出肯定的答案。這時候妳再問他：「她是怎樣的女生？」「你為什麼沒有告白？」「你不會後悔嗎？」「你嫉妒和她交往的男生嗎？」

即便對方的回答是否定也沒關係。此時妳要問他：「你有什麼感覺？」讓他想像一下之再改口念出愛情咒語045，例如：「你以前喜歡的人全都和你交往過嗎？」

✱ 魔 法 的 祕 密 ✱

這句愛情咒語，是利用了「嫉妒」的心理。動搖人類的能量當中，沒有比嫉妒的力量更強大的了。

舉例來說，妳有遇過本來不想買的衣服，得知其他顧客也想買的時候，便急忙買下來的經驗嗎？這也是來自一種不想被別人搶走的嫉妒心理。

戀愛也是一樣，沒有比「一直喜歡的異性被人搶走」更痛苦的事了。競爭意識強烈的男性，更是如此。

這句愛情咒語，目的就是要讓對方如實體會到這種嫉妒情緒。所以才要在暗中問他：「如果我被其他男生搶走的話，你會有怎樣的感覺？」

另外也可以施展下述這樣的咒語：「前輩叫我當他的女朋友，沒想到這麼令人心動！」

這時候，再突然轉到其他話題上。隨後最好裝作若無其事的模樣，因為一定會在他心裡留下嫉妒的種子。

H I N T

如惡夢般支配對方的心

大家都知道，負面情緒的力量非常強大。諸如憤怒、悲傷、輕蔑、罪惡感、嫉妒等等，而且我們並不擅長排解負面的情緒。正因為如此，才能深植在他的內心 —— 用妳隨心所欲的方式 —— 所以沒有其他力量比得上負面情緒。當然公不公平又是另外一回事了。一切交由妳判定。不過效果會像惡夢一樣強大無比。

LOVE SPELL
066

你認爲男女朋友可以長久交往，最重要的關鍵是什麼？

暢聊愛情話題

吸引長長久久的戀愛

✳ 用 法 ✳

想和對方長長久久地戀愛下去，就念這句愛情咒語。

而且妳要在聊完愛情的話題之後施展咒語。就像進行訪談一樣，進一步提出深入的問題。

妳無須焦急，用心平氣和的態度，接受對方的各種答案。

接下來再繼續念出下述咒語：「你為什麼會有這種想法呢？」想必他也有自己的理由。進一步來說，背後應該有他獨特的故事。妳不妨仔細聆聽他的回答，千萬不可以做出是非對錯的判斷。

✽ 魔 法 的 祕 密 ✽

我們都不是只想談戀愛而已，我們都想要談一場永遠幸福的戀愛，甚至可以步入禮堂。

事實上讓愛情長久的祕訣，就是「從交往前就先建立起持久的信任關係」。因為這種關係在交往後也會持續下去。

因此最重要的，就是調查出他在戀愛及人生中，通常會重視哪些事情。

答案肯定會因人而異。例如善惡的價值觀、溫柔體貼、禮貌、自由、生活模式、金錢觀、能夠得到尊重等等 —— 所以最快的方式就是直接問他。

妳要表現出理解他的價值觀，雖然有時也會摸不著頭緒，但是這些想法對他來說非常重要。

針對這句愛情咒語彼此交換意見之後，接下來才會衍生出二人關係可以持續下去的氛圍。

·———— H I N T ————·

對方深信不疑的道理是什麼？

找出對方一直都很重視的價值觀吧！因為對方不會背叛自己的價值觀。換句話說，當我們偏離自己的價值觀，就會感到很痛苦。總而言之，我們都希望異性了解自己的價值觀，被對方疼愛，所以在他的價值觀中能夠占有一席之地的話，他就離不開妳了。他秉持的信念，究竟是什麼呢？

LOVE SPELL
≋ 067 ≋

你看起來很累，
工作很辛苦嗎？

溫柔撫慰對方的疲累及弱點
成為特別懂他的人

✴ 用 法 ✴

在約會當下看見對方面露疲態時，就念這句愛情咒語。

甚至中斷對話，突如其來地施展咒語也沒關係。哪怕對方岔開話題，妳也要堅持己見地問他：「你怎麼了？」但是不要一臉嚴肅，而要保持平常心。

讓他將工作及私生活的事向妳坦白 —— 難免會變成吐苦水或發牢騷 —— 目的就是要讓他說出來。

妳不需要給他建議，只須仔細聆聽。因為只要妳好好聽他說，他就會得到救贖。最好能讓他將一直耿耿於懷的私事，接二連三地說出來給妳聽。

✳ 魔 法 的 祕 密 ✳

現代人的生活總是會感到筋疲力盡。

無論在工作上，或是私生活。但是這些疲憊卻不會讓人看見。因為就算吐苦水，也只會讓對方瞧不起而已，只好一個人承擔。

施展這句愛情咒語，就能引導他吐露「隱藏的弱點」。

妳會了解一直出現在他人生中的煩惱及課題，明白他真正疲勞的原因。妳也許會發現意想不到的事情，也許會看到他平時難得一見的模樣。

但是這樣也證明，妳更貼近他的內心。雖然他會感到驚訝，不過也會感謝妳察覺到他疲累的信號，妳就能比對手領先好幾倍距離。

當事人感覺疲累或是示弱時，這部分可說正是他內心脆弱的地方。妳要理解他，好好體諒他喔！

─── H I N T ───

試著為對方學習商業知識

其實只要熟悉商業知識，就能與對手拉開距離。因為對於年齡適合談戀愛的男性來說，心思主要還是放在工作上。理解他的立場，就能成為絕佳的聊天對象。妳不必成為專家，只要對商業感興趣，讀一、二本商業領域的書籍後再試著問他問題，你們的感情肯定會變好喔！

LOVE SPELL
068

如果可以的話，你最想變成什麼？除了變有錢之外。

深入對談加深關係

✳ 用 法 ✳

兩個人單獨約會想要加深關係時，就念這句愛情咒語。

逛街買完東西，還有電影也看完之後，接下來再趁著喝咖啡及吃晚餐的時機，用輕鬆的語氣施展咒語。

秘訣在於要充滿好奇地念出來。雖然問題有些古怪，但是會讓他感覺妳就是因為對他充滿好奇，為了能更開心地談天說地，所以才會這麼問，接下來他就會願意回答妳。

妳也要告訴他妳的答案，彼此聊聊對於雙方的回答有何感想，再將話題轉到突然聯想到的事情上，利用這句愛情咒語的機會，讓對話不斷發展下去。

✳ 魔 法 的 祕 密 ✳

約會的目的，是為了深入對話。

深入人生及價值觀並交換雙方的意見，才能進展成特別的關係。千萬要記住這項法則：「想要加深關係就要深入對話」。舉例來說，相信妳過去也曾經和很要好的朋友，在某時某刻聊起過深入的話題。深入對話最簡單的方法，就是「詢問深奧（關於價值觀）的問題」。

除了這句愛情咒語之外，另外還有下述問法：「你喜歡自己哪一點？」「你有想見的人嗎？」「你最珍惜的回憶是什麼？」「你印象深刻的一句話是什麼？」「你希望別人改變時會如何提醒對方？」「什麼事情會惹怒你？」

只要兩個人聊聊天，自然關係就會加深。妳不再是某處對著他微笑的女性，會讓他切實感覺到妳的存在。另外妳也可以試著去想一些獨創的愛情咒語喔！

159

H I N T

長久持續的關係少不了深入對話

所謂美好的戀愛關係，指的是在「深度信任關係」的基礎上，發展出「以異性的角度感到心跳加速的戀愛關係」。如果在缺乏信任的基礎上營造戀愛關係的話，最終將因為不穩定的感覺，而止於玩一玩的關係，缺少忠誠度。倘若只有信任的基礎，最後則會變成朋友。正因為如此，「深入對話」與「戀愛話題」都要做到，這點非常重要。

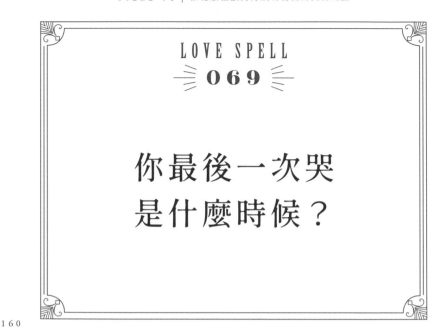

LOVE SPELL
069

你最後一次哭
是什麼時候？

讓對方道出弱點
澈底加深關係

✱ 用 法 ✱

　　利用其他的愛情咒語 **067** 及 **068**，深入對話或是聊完過去的事情之後，再念出這句咒語。由於主題有些沉重，所以在這之前只要能與對方真摯對談，他就會願意回答妳。

　　關鍵在於妳要維持一種想要更了解他，才會這麼問的氣氛。要讓對方明白這並不是難以啟齒的事情，而是大人之間的對話。

　　他可能需要回想一下，所以要花點時間才能侃侃而談。如果他回答得很輕鬆的話，接著再試著施展這句咒語：「你還有在什麼時候哭過？」

✳ 魔 法 的 祕 密 ✳

大人也會有想哭的時候。

只是不會在別人面前哭，也不會向身邊的人提起。畢竟聊到傷心流淚的事情會讓人難為情，更沒有機會可以提起。

尤其男性天生就不喜歡暴露自己的弱點。因為在男性社會中，示弱會對自己不利。

所以真的聊到哭泣的行為時，算是碰觸到一個人最脆弱的部分。相信妳可以聽到他與日常形象截然不同的故事。

正因為如此，在施展這句愛情咒語之後，將會讓你們進入到十分深厚的關係。

在愛情咒語的一開始加上「最後」二字也非常重要。因為他才會難以岔開話題，找藉口說：「早忘了！」「最近都沒哭過。」只好將想得到的最新記憶說給妳聽。

H I N T

他 正 在 尋 找 能 暴 露 弱 點 的 地 方

男性都不想讓人見到脆弱的一面。這點反過來說，也是在表示他正在尋找可以暴露自己弱點的另一半。他並不打算讓所有人見到自己的弱點，卻想要對少數人坦白心事。畢竟他的朋友也可能會變成競爭對手。因此最重要的是去理解他，「除了人帥之外也有脆弱的一面」。

LOVE SPELL
070

你有無法向人傾訴的
煩惱嗎？

問出對方惱人心事

成為他心中特別的人

＊ 用 法 ＊

約會幾次之後，就念這句愛情咒語。

當對方會回妳私訊，也能順利約他出來見面，更可以深入談到戀愛以及人生觀的話題之後，在信任感已經萌生之際即可施展咒語。反過來說，也許關係尚淺 —— 倘若妳有這樣的感覺，此時就不該念出這句咒語。

而且妳不能一臉嚴肅地念出咒語，因為沒必要散發出悲壯的感覺。妳要在愉快的氣氛下，再用認真的態度詢問對方。

如果他一副欲言又止的模樣，就要試著先由妳自己將煩惱說出來，接下來他才容易開口向妳傾訴。

✳ 魔 法 的 祕 密 ✳

這句愛情咒語有一個重點，就是大家都會有「無法向人傾訴的煩心事」。

每個人，肯定都有藏在心裡的煩惱。

只是有些話因為狀況、立場或心情等因素，面對不同的人便無法說出口。妳要理解這種心情。

當然對方並不會輕易向妳傾訴。關鍵在於過去妳是否總會仔細聽他訴說 —— 而不是自顧自說個不停 —— 妳是否能讓對方感覺妳能理解他。

不過妳不必擔心。如果在那之前妳已經施展愛情咒語，使關係有所進展的話，他就會很樂意 —— 一臉害羞地 —— 將祕密告訴妳。

愛情咒語的力量雖然微不足道，但是積少成多之後，你們的關係就會加深，讓妳敢於施展力量更強大的愛情咒語。

─── H I N T ───

笑著逃避話題，關係就不會加深

有的人善於與人溝通，卻不懂得談情說愛，因為這種人在聊天時，經常會避開嚴肅的話題。所以在某方面來說，他們會笑著逃避與對方面對面的機會，但是這樣下去彼此的關係並不會加深。聊一些人生的話題，傾訴煩惱說說真心話也是很重要的事。有一些關係只能透過嚴肅話題才能實現喔！

LOVE SPELL
071

若要感情長長久久，你希望對方知道哪些事？

從對方身上得到提示

讓關係更進一步

＊ 用 法 ＊

等到隨時約對方都能成功的時候，就念這句愛情咒語。

這句咒語最重要的就是要長篇大論。妳要等到時間充裕的時候，再到寧靜的咖啡廳或公園等場所施展這句咒語。只要你們的關係可以深入對話，突然施展這句咒語也沒關係。

記住要維持一種認真詢問的氣氛。

在這句愛情咒語的背後，隱含著「想要和你長久交往下去」的意圖。不管是將他當作男朋友——也有讓他幻想二人在交往的意圖——或是將他視為普通人，都要讓他感受到妳的誠意。

✳ 魔 法 的 祕 密 ✳

我們每一個人，都會有自己的行為模式。

例如一忙起來心情就會不好 —— 這時候會希望別人少來招惹 —— 或是感到非常寂寞；或者夢想是創業、喜歡吃外食、事實上完全不信任別人、身患疾病、偶而會想要一個人去旅行。

這些事情真的是為了長久交往，才會希望對方心裡有數。

只要能夠明白這些事情，感情應該就能長長久久。因為會避開粗心的過錯，讓對方了解自己。所以要由妳自己去問出他這個人的使用說明書。

如果他不懂妳問問題的意圖，便舉上述提過的例子來向他解釋：「例如我……」兩個人一起天馬行空地思考，也是很有趣的一件事。

利用這句愛情咒語的機會，將他藏在內心深處尚未說出口的事情，問個明白吧！

━━━━ H I N T ━━━━

企圖改變對方，愛情就會遠離妳？

聽到對方的回答，有時候也會想跟他說：「你想太多了！」「這是一種迷思！」但是妳不可以試圖改變他。所以最重要的是了解他的事情之後，不要做出任何評斷。他會用他自己的步調出現轉變。即便周遭的人多嘴干涉，他也不會突然改變。因為妳自己不也是這樣嗎？

什麼事情會讓你晚上
害怕到睡不著？

提出終極問題
像女神一樣關懷對方

✳ 用 法 ✳

用餐和聊天過程都很順利，總算化解了緊張氣氛，不管任何問題對方都會回答，而且對彼此的答案都能感到滿足的時候，就念這句愛情咒語。

就好像在充滿好奇心的氣氛下，嘗試提出奇怪的問題。但是不必因為問題內容而露出可怕的表情。

在那之後再問對方：「你打算如何克服這件可怕的事情？你覺得會對人生造成哪些影響呢？」依據他的答案，再直言不諱妳的感覺或想法 —— 因為要談論的是他的人生意義。

✳ 魔 法 的 祕 密 ✳

這是能看穿人類本性的終極問題之一。

答案會因人而異。失敗、孤獨、年老、死亡、貧窮、丟臉、被人愚弄、承認能力不足、失去夢想或不被人愛──完全就是人生的陰暗面。

恐怕全部都是支配他的人生直到最後一刻的負面能量。

如果沒有這句愛情咒語，如何能提及永遠不會聊到的話題，甚至從不可能觸及的情緒呢？相信他自己也是第一次思考或意識到這些事情。

就連如此深藏在內心深處的部分都能接受並理解他，實質上來說就是與他產生連結。

能夠解釋他這個人的個性，幫助他自我分析，還能為他尋找人生意義，告訴他生存價值的女性，會讓他覺得妳像女神一樣永遠愛著他喔！

HINT

不施展咒語而是先想想答案會是什麼

即便不施展出這句咒語，單純想像對方的答案也很有意義。可以看出他在害怕什麼。提示妳要釐清一點：「他總是對何事虛張聲勢呢？」因為每一個人面對害怕的事物，都必須虛張聲勢才能生存下去。另外也可以嘗試下述愛情咒語：「你一直在追求什麼？」「你無法原諒什麼事情？」不妨好好想像一下吧！

LOVE SPELL
073

什麼狀態下會讓你
想去死？
這時會讓你後悔的
是什麼？

談論結束生命的話題
造就無可比擬的關係

✳ 用 法 ✳

等到任何話題都能聊的時候，就念這句愛情咒語。

深入聊到幾個話題之後 —— 透過其他的愛情咒語 ——
試著進一步深入對話的感覺。就像深夜偶然與好友把酒傾吐
心事之後，用嚴肅的態度與對方談及死亡的話題一樣。

施展咒語時不需要擔心任何事情。因為身為一個成熟的
人思考死亡的議題，在某種程度上根本不足為奇。

接下來再好好聊聊能夠怎麼做，才能避免「後悔地死
去」。讓彼此交換一下意見。

✳ 魔 法 的 祕 密 ✳

想要讓關係加深，就要深入對談。

這項法則其實還有後文，因為同樣是深入對談，但是談話的深度卻還是有程度上的差異。愛聽的音樂、想去的國家、友情、摯友、工作、尊敬的人、每天努力不懈、想要實現的夢想、人生的抱負、哭泣的經驗、得到救贖的過去、宗教、親人、過去的傷心事及害怕的事物——所以當談論的話題越深入，你們的關係也會越深厚。

毋庸置疑，最深刻的主題就是「死亡」。

任誰都會在無意識中（對照目前的生活方式）意識到自己的死亡議題。進一步來說，人都會因為無法努力去實現更好的人生，於是充滿罪惡感。

其實最主要的目的，是要透過和對方談論死亡議題以及人生罪惡感的機會，建立起無可比擬的信賴關係。

妳應該會察覺到，與對方的內心深處產生了連結。

H I N T

用正向思考結束深刻話題

這句愛情咒語——一般對話也是如此——務必以正向思考畫上句點。因為只聊死亡議題的話，話題會變得很沉重。畢竟不會有人想和悲觀的人見第二次面，還是會比較想和能夠打起精神說「明天再好好加油」的人一直見面，最後甚至要再加上「樂於挑戰才不會後悔」這句話。

LOVE SPELL
074

很難過吧，
因爲沒人了解你。

盡力表現同理心
與內心深處產生連結

＊ 用 法 ＊

等到對方坦白一切之後，再念這句愛情咒語。

相信透過其他的愛情咒語，會讓他願意向妳傾訴曾經受過的傷、不怕孤獨努力過的事，以及至今仍會害怕其他人的事情，到了這種時候妳更要將這句咒語施展出來。

只要用溫柔的聲音念出咒語即可，這種心態非常重要。

隨後記得保持沉默。盡力克制不要提出建議或是說起自己的事。只要自始至終堅持一貫態度，完全接受對方，因為這樣就會成為他的救贖。

漸漸地，他一定會只為妳一人敞開心房。

✳ 魔 法 的 祕 密 ✳

人都是缺乏同理心的。但是任誰都有過感覺難受，不被周遭人理解的經驗。妳要感同身受這種內心的傷痛，體會他的心情：「我深有同感！」

當然從實際的角度來看，也許並無法理解他過去發生的種種。因為妳當時並不在場。

但在某些場合下，面對他的過去必須表現出理解他的模樣，這點尤為重要。

並不是在教大家不懂裝懂，而是希望妳看著他，將感覺到的一切真誠地說出來給他聽。因為有人會因此而得到救贖。所以希望這句愛情咒語，會是每個人都可以向別人訴說的一句話。

他與妳分享很重要的事情之後，雖然妳很想跟他說些什麼，有時候卻不知道該如何回答才好。這種時候更希望妳能施展這句愛情咒語。

─── H I N T ───

符合妳真實想法時便施展咒語

重點在於，愛情咒語不能說謊。當不太認識的人跟妳說：「我知道妳是誰」，妳一定會不相信對方所言吧！正因為如此，妳不可以只是將愛情咒語念出來而已。必須好好聽他說話，了解他內心深處的難過及傷痛，然後在真的能夠感同身受時，再念出咒語。唯有用心施展出來的咒語，才會變成真正的魔法喔！

LOVE SPELL
≋ 075 ≋

我覺得真正的你，
是一個
很怕寂寞的男生。

掌握對方從未察覺的本性
贏得他的尊敬

✳ 用 法 ✳

當對方讓妳看見他的弱點之後，再念這句愛情咒語。

當他向妳提起自己過去以及現在的情形，聊到不安與煩惱，還有一直隱瞞的事情時，等他說完之後，就像在提出總評一樣，在最後將妳的感受告訴他。

秘訣是要透過輕鬆的語調，讓他理解妳話中的意思，同時像是要看穿他內心一樣地施展咒語。

接下來再參考愛情咒語074，或是從「沒想到你還真可愛」、「你應該是個容易受傷的人」、「我的意思是要多來看看我」這幾句話當中，找出適合他狀況的句子念出來。

✳ 魔 法 的 祕 密 ✳

每個人的內心深處，都住著一個「長不大的自己」。

這句話並沒有心靈雞湯的意味，大致上是意指 —— 隱藏幼稚心態的部分、無法被滿足的欲望、感受、容易受傷但不會讓別人看見的部分。

如果在他的另一面賦予他「男孩」的角色，就能更加了解他。

因為他也會察覺這種「長不大的自己」真實存在，覺得真正的自己被妳看穿了。

由於妳發現他心中的「男孩」角色 —— 撕下他大人的面具 —— 反過來說，妳會變成成熟的女性，因此地位會上升。

他不是完美的大人，反而只是一個夏日少年。只要妳能真正明白箇中涵義，妳在愛情裡就不會輸。用成熟女性的角度，好好觀察他吧！

H I N T

我們都是怕寂寞的人

重點在於「他的另一面」和「男孩」的真正涵義，總是意味著「寂寞」。因為只要我們活在這世上，往往都會感到寂寞。無論身在何處，不管和誰在一起。只是鮮少有人察覺到，彼此都會感到寂寞這件事。因為寂寞的方式都略有不同。所謂的了解他，就是要了解他的寂寞。

LOVE SPELL
076

我們在一起好不好？

由妳告白得到真愛

✳ 用 法 ✳

趁著約會結束之前，拿出勇氣念出這句愛情咒語。

最理想的方式是看著對方的臉，用認真的態度夾帶些許開玩笑的意味施展咒語。雖然難免還是會緊張，但總之要以此為目標。

此時妳不必備妥一個完美的計畫，因為那是不可能的事。只要在不自然的狀態下，趁著不自然的時機，帶著緊張的情緒念出咒語即可。

其實愛情咒語也可以照這種方式施展出來。例如妳可以跟他說：「要不要當我的男朋友？」「我們交往吧！」因為拿出勇氣向他告白是很有意義的。

✳ 魔 法 的 祕 密 ✳

現在這個時代，也允許女性主動告白。

男性只能算是異性，並不是戀愛的專家。不可以交由對方掌控愛情的進展。

此時妳一定要記住一點，「告白這件事並無法讓對方喜歡上妳」。

告白就像是公布考試成績，不過是為了確認妳過去努力的成果。基本上他的回覆並不會因為妳的告白方式很完美，而出現改變。

告白只是要釐清，「在這之前是否讓對方喜歡上妳了」。

請妳將手放在胸前，摒除期待和妄想，認真地想一想。到目前為止，妳有充分地施展愛情咒語了嗎？那時候他的反應是如何呢？

他一定會答應告白才對 —— 如果妳有這種感覺，就是念出這句愛情咒語的時候。祝妳幸運！

175

H I N T

告白如果失敗一切就結束了嗎？

真正的告白失敗，會讓人很尷尬，再也無法見面了。為了避免這種情形，妳千萬不要一臉嚴肅地告白，此時最重要的就是用「略為開玩笑的態度」。並不是要妳假裝在說玩笑話，而是為了讓你們的關係能夠馬上回復原狀。正因為告白過一次了，才容易在毫無隱瞞下採取行動，所以可以告白很多次喔！

SCENE
05

讓幸福關係延續的
愛情咒語

交往之後還是要施展愛情咒語！

愛情旅程仍會繼續走下去，
並且在愛與幸福的包圍之下天長地久。
可悲的是，
我們卻都不擅長維繫關係。

彼此互相尊重，每次見面時春心蕩漾，
不在一起時也很放心，永遠受到寵愛。
如此完美的關係妳一定要擁有。

本章節是用散發「沉靜」香氣的魔法墨水寫成。

想讓愛情長長久久必須沉著，
因為慌亂只會讓愛情溜走。
妳有發現妳喜好的花草茶香氣，
就在鼻尖引誘妳了嗎？

愛情令妳不知所措時，
就用這種溫柔香氣安撫身心平靜下來吧！
在芳香氣息籠罩下，慢慢地吐氣，充分地放鬆下來吧！

LOVE SPELL
≶ 077 ≷

我很佩服你。

讓對方聽想聽的話
抓住他的心

＊ 用 法 ＊

剛開始交往想讓關係更進一步時，就念這句愛情咒語。

而且要在平時施展出來。比方說他每天持續鍛鍊從不間斷的時候，或是展露藝術涵養的時候、認真工作的時候、護送妳回家的時候等等。

妳要像表達真實感受一樣地念出咒語。

若想發揮更強大的力量，甚至要具體描述「對於哪些部分感到佩服」，因為加上理由會更具說服力，很容易讓他覺得很開心。

挑逗男人的心，就要掌握這句愛情咒語。

✳ 魔 法 的 祕 密 ✳

這句愛情咒語，潛藏著男女之間對於愛情非常重要的觀念差異。

也就是說，女性重視「愛與被愛」的價值觀，相對來說男性重視的卻是「佩服與被佩服」的價值觀。

在不怕誤解的情形下解釋一下，其實男性根本不需要聽到「我愛你」這句話——因為他們沒感覺。反而想聽見別人跟他說「我很佩服你」。

正因為如此，這句愛情咒語會正中他的下懷，讓他覺得妳十分懂他，妳對他來說簡直無可取代。

反過來說，當妳無法理解這點的時候，愛情往往會告終。因為彼此無法給對方想要的，於是會心生不滿。但是只要能理解這點，做法其實很簡單。妳一定要學起來。

H I N T

任何時候都要隨口念出來

這句愛情咒語要像口頭禪一樣念出來，能夠自然而然地脫口而出更好。尤其在對方對妳溫柔體貼的時候，就要施展咒語，這樣他才會願意為妳做更多體貼的事情。就像妳希望對方多向妳說「我愛妳」一樣，他也希望妳常對他說「我很佩服你」。妳一定要好好地挑逗他的心喔！

LOVE SPELL
078

除了你以外，
其他男生我都沒興趣。

激發對方本能
讓他更想得到妳

✳ 用 法 ✳

在聊天時提到其他的男性並隨口誇讚的時候，就念這句愛情咒語。

在公司裡、街道上或同學會，有其他男性找妳聊天甚至約妳出去的時候，還有對方幫妳撿起掉落物、借傘給妳、在工作上得到協助道謝之後，都可以施展這句咒語。

妳要看著他的眼睛，一副天經地義的模樣念出咒語。

當然不必說謊，要在真的發生這些事後才施展咒語。妳會發現他鬆了一口氣。接下來再好好地愛他吧！

✷ 魔法的祕密 ✷

男性一直都是活在競爭的社會裡。

無論好壞，他們總是很在意「自己是否比其他男性優秀」。正因為如此，若能用貶低其他男性的方式讚美他：「除了你以外，其他男生都好無趣。」「其他的男生看起來都很幼稚。」「你是最有才華的！」就會讓他很有感覺。

對於這樣的他來說，最大的屈辱是妳的心偏向其他的男性。因為會讓他們深感自己毫無價值。

因此在提到關於其他男性的話題之後 —— 說完會令他嫉妒的話題之後 —— 妳要念出這句愛情咒語，消除他的不安，才能讓他更喜歡妳。

除此之外還可以讓他再次意識到一點，「妳行情很好，其他男生都想追妳。他若不好好珍惜，妳就會被其他男性搶走」。使他充滿危機感，讓他好好對待妳。

在提升妳個人價值的同時，也要讓他知道妳愛他。

HINT

其實他一直很嫉妒

基本上，只要在他面前聊到其他男性的事情，無論大小事他都會心生嫉妒。舉例來說，就算只是在同學會、公司聚餐、活動或社團等場合提起見到異性的事情，其他男性的影子就會馬上閃過他的腦海。其實妳不必硬要讓他嫉妒，但是要記住一點，要偷偷地在他心中點燃嫉妒之火喔！

LOVE SPELL
079

你願意幫我……的話，
我會很開心。

讓對方為妳實現想做的事

＊ 用 法 ＊

需要對方做事情的時候，妳要具體說明清楚。

想去紅茶很好喝的店、累了所以希望他讓妳安靜二小時、想讓他送妳到車站、為了放心所以希望他一天一通私訊，諸如此類。

妳可以用「希望你幫我做……」的說法，也可以用「你願意幫我做……的話，我會很開心」的方式跟他說，他才會更容易接受。

總之簡單明瞭最是重要。該怎麼做才好 —— 要將正確答案清楚扼要地告訴他。避免用一種希望他察覺的心態，因為最重要的是讓他理解。

✳ 魔 法 的 祕 密 ✳

男女之間的問題，往往很容易在「男性無法察覺女性需求」的時候引發。

也許妳也會覺得，為什麼他都不懂妳，總是感到很受傷。但是這時候不管生氣或哭泣，都只會讓代溝加深而已。

因為男性真的不擅長察覺女性需求。當然對方也一直想著要讓妳幸福。只是不知道該怎麼做 ── 因為給他提示還是無法解決問題 ── 所以才會無計可施。

解決這種認知落差的方法只有一個。

就是女性要自己告訴對方，「妳希望他怎麼做」。不要態度曖昧，也不能提起過去的事，只要明確地具體說明現在做什麼即可。

只要留意這點，他的態度就會明顯起變化喔！

─────── H I N T ───────

為什麼他不願意體諒妳的心情呢？

本質上來說，沒有人會懂得妳的心情，也不可能明白妳希望別人怎麼做。除了妳自己之外。正因為如此，妳若能想通身邊人都無法理解妳，就必須非常簡單明瞭地告訴對方，也能因此釋懷。當妳覺得他不能理解妳的心情時，也許是因為妳並沒有清楚扼要地告訴他。妳要拿出勇氣好好地說明妳自己的想法。

LOVE SPELL
080

眞開心！

要讓對方討妳歡心
妳得率先採取行動

＊ 用 法 ＊

當對方讓妳很開心的時候，就念這句愛情咒語。

例如他來接妳、做菜給妳吃、為妳騰出時間、製造驚喜給妳的時候。

妳要用極為感動的語調，還要穿插動作。

總之就是要多次強調。妳要當場施展這句咒語，傳私訊時甚至下次見面時也都要再念出這句咒語。因為這樣才能讓他明白妳的心情。畢竟男人的心都是很遲鈍的。

如果妳要表達開心的心情，也可以運用「謝謝」、「我快哭了」、「好棒」、「真的嗎？」這幾句愛情咒語。

✴ 魔 法 的 祕 密 ✴

容易被人喜愛的女性，都藏著一個小祕密：「一目了然」。

她們都很會將感受說出來，懂得直接表達。她們希望對方察覺時，不會默不作聲，也不會發脾氣，只會靠語言，簡單明瞭地說出來。

千萬別以為了解女人心是男性的責任。

男性並不擅長察覺。正因為如此，在一目了然的女性面前，才會感到輕鬆自在。因為對方能夠清楚告訴他怎麼做會開心、討厭他做什麼，他在行動時就不會傷腦筋。

施展這句咒語時有一個祕訣，就是不管他的品味再差，成果差強人意，但畢竟是為了妳盡心盡力，所以要誠心地念出咒語。讓妳開心 —— 感覺自己被需要的時候，就會越想盡心盡力去做，這就是男人的心理。他會因為取悅妳而感到驕傲。當他為妳盡心盡力的時候，讓他一目了然地看出妳很開心，則是女人的修養喔！

H I N T

感受要多加三成再告訴他

我們都會害怕「不知道在想什麼的人」，因為可能是對自己不利的敵人，所以本能上才會加以閃避。為了防止這種情形，妳要將妳的感受多加三成表現出來。即便妳想當個神祕的女人，也要學會「一目了然」的技巧，稍微隱藏起妳的神祕感，做一個「一目了然的神祕女人」，而且要明顯表現出來。

LOVE SPELL
081

相對來說
我也可以拜託你嗎？

擺脫心力交瘁的愛情
建立平等關係

＊ 用 法 ＊

不知不覺已經心力交瘁，他卻變得任性妄為，完全陷入受人擺弄的愛情裡 —— 這句愛情咒語就是為了這時而存在。

當他希望妳「做菜給他吃」、「幫他洗衣服」的時候，妳要馬上施展下述咒語：「在這期間你先整理一下桌子。」「可以麻煩你打掃廁所嗎？」

換言之就是向他提出「交換條件」。

隨後要順勢馬上做下一件事。不管是開始做家事，還是改變話題，或是讓他從椅子上起身也可以。畢竟都已經拜託他了，他就會不好意思拒絕。

✳ 魔 法 的 祕 密 ✳

我明白妳總是為了他心力交瘁。

妳一定不想被他討厭，忍不住關心他、幫他做家事、被他叫到家裡去、借錢給他，總是很聽他的話。

但是這樣下去妳會筋疲力盡，愛情並無法長久。

因為感情能長久的情侶是「對等」的。一方全心付出，另一方讓對方心力交瘁，這樣的關係會變得很不合理。因為一方總是自私又任性，所以感情很容易出問題。

為了擺脫這種情形，就得讓彼此平等。

因此才要施展這句愛情咒語，讓雙方為彼此付出一切。不可以只有妳在忍耐。

施展這句咒語可能需要一點勇氣，但是想讓這段戀情長長久久地幸福下去，妳就只能努力。請妳一定要讓雙方保持平等。

・――――― H I N T ―――――・

不再為愛心力交瘁的方法

全心付出並不是一件壞事。只要盡心盡力的同時，讓對方同樣不遺餘力就行了。此時有一個祕訣，就是「讓他從小事竭盡全力做起」。請他拿桌上的調味料，請他洗杯子，請他預約要去約會的地方——就像這個樣子。試著從他應該可以接受的事情開始做起吧！

LOVE SPELL
082

我也是！

接受對方的想法
讓他覺得彼此合得來

✳ 用 法 ✳

當對方向妳表示個人看法時，就念這句愛情咒語。

例如他在說明感興趣的事物或是價值觀的時候：「我每天早上都會做伸展操。」「我很愛踢足球。」「我每天都會步行一個車站的距離。」「這個文具很方便。」

完全就像是「順水推舟」一樣，祕訣是要用積極肯定的語氣念出咒語。宛如開個小玩笑一樣。

另外聽到他負面的發言：「好想請假不去上班。」「好想一直睡。」也可以施展這句咒語，讓當下的氣氛緩和下來。當然沒必要真的請假休息。

✳ 魔 法 的 祕 密 ✳

在交往的過程中，他應該會向妳提到各種價值觀。比方說負面的發言、嗜好的話題、改善生活的想法，甚至於想住在外國的夢想。

從妳的角度來看，有些事情肯定難以理解。

舉例來說，類似飼養熱帶魚這種妳不感興趣的嗜好、總有一天要參加世界飛鏢大賽的虛幻夢想，還有不會真的去做卻想換工作的軟弱發言。

重點是妳不能否定他所說的一切，而要順水推舟。

所以要完全當作玩笑一場地念出咒語。當然看似可行的事情，還是值得採納意見，相信他也會感到很開心。畢竟能讓妳對他自己說的話產生共鳴的話，他一定會很高興。一樣的道理，即便一開始妳難以認同，也要順水推舟。

就算妳想說些什麼，也要等到以後再告訴他。因為等到有共識之後再告訴他的話，他才容易接受。

189

⚫────── H I N T ──────⚫

無法理解他的嗜好時該怎麼辦？

有時候妳也會難以理解他的嗜好，但是他內心肯定很希望妳能理解。正因為如此，當妳能說出「我想試試，你教教我」這句咒語的話，影響力會更強大。因為你們擁有共同的興趣。當然千萬不能勉強，只要細問他哪方面覺得有趣，他就會越說越起勁，也會讓妳更加了解他喔！

LOVE SPELL
083

現在我只想要
你聽我說話。

190

讓他能專心聽妳說話

✳ 用 法 ✳

對妳來說，有時候只是想要對方聽妳說話，而不是與他
談天說笑、討論事情、請教方法解決問題。

這種時候要忍住想說話的衝動，先念這句咒語，就像在
寫前言一樣。

最重要的是要簡單明瞭。妳也可以加上詳細說明：「我
接下來所說的話並不是在尋求建議，只是希望你聽我發發牢
騷，這樣我就會沒事了。」

隨後妳再開始說話。當然也別忘了謝謝他願意聽妳傾吐。

✳ 魔 法 的 祕 密 ✳

男女的對話方式完全天差地別。

男性偏好有目的的簡短談話，女性的目的則是為了把話說出來，喜歡分享情緒。

因此男性需要的是「更加簡潔地說明清楚」，女性需要的則是「更加理解內心感受」。

然而這種差異才會產生問題。正確來說，當彼此無法理解這種差異的時候，就會出問題。總之問題的本質不在於男女不同，應該說我們往往都不了解男女的差異。

男女的感覺 —— 堪比遙遠星球的外星族群 —— 妳要了解通常落差很大。而且別浪費時間引頸翹望對方會懂妳，妳必須說出來讓他知道。

別因為想親近對方而省略說明，而要反覆說明才能變親密。這是男女長久相處的祕訣喔！

────────── H I N T ──────────

練習撒嬌

反過來說，想辦法解決問題是男性的專長。正因為如此，妳要敢於在某些領域尋求他的意見，他會很樂意告訴妳一切，然後再表達妳的感謝。他肯定會很開心，因為他會覺得自己變成重要人物。男性會覺得這是撒嬌，所以妳要記住這個簡單撒嬌的方法。

LOVE SPELL
084

我尊重你的工作和獨處時間。

讓對方覺得他是妳不想被人搶走的另一半

✴ 用 法 ✴

和對方交往之後沒多久，就念這句愛情咒語。

妳要趁著彼此在談論生活模式的時候施展出來。剛開始交往沒多久，舉凡約會和聯絡的頻率、工作、餐費如何分攤、外食頻率等等，都是彼此磨合價值觀的時機點。

因此只要施展咒語，就能觸及他的內心，並且激發他的本能。因為會讓他有一種生活會變得很快樂的預感。

順便提醒大家，在交往之前，也能施展下述咒語：「如果我們交往，我會尊重你的工作和獨處時間。」這種情形下愛情咒語的力量也會非常強大，因為強調了你們的交往過程將非常愉快。

✳ 魔 法 的 祕 密 ✳

男性都需要獨處的時間。例如專心工作的時間、用來自我實現的時間、與自己對話的時間等等。

有鑑於此，請妳不要有「我不被重視。既然他愛我就應該將所有的時間奉獻給我」這樣的觀念。

對於男性來說，正因為愛著另一半，才需要獨處的時間。以狩獵時代為例，男性也會專注於狩獵以免婦孺餓死 —— 縱使腦海裡沒有想著所愛之人 —— 因為他必須將獵物帶回家中。這就是男性本能上愛人的方式。

在這個過程中，即便他感到悲觀或是懷有心事，也是獨自解決，因為他並不想讓女性擔心。

其實他對於沒時間和妳在一起，也一直深感內疚。因此更要施展這句愛情咒語，讓他心裡不要感到負擔。**就是要用自由的空氣，抓住男人的心喔！**

H I N T

備受喜愛的女性獨處時也很美麗

這句愛情咒語同樣能夠用在妳的身上。包含工作、自我實現、與自己對話的時間等等，對妳來說都十分珍貴。當他在享受獨處時間時，妳應該如何運用這些時間呢？只是一直想著他的話 —— 這種感覺雖然很美妙 —— 但是太可惜了。因為魅力是利用孤獨的時間創造出來的。

LOVE SPELL
085

取消約會好好休息吧！
我一個人也過得很好，
放心吧！

體諒對方忙碌
讓妳更具吸引力

＊ 用 法 ＊

　　雖然約好要見面，卻發現他似乎忙到不可開交的話，就念這句愛情咒語。

　　哪怕是在約會前一刻，都要毫不猶豫地念出咒語。當妳直覺如此的時候，就念這句愛情咒語。既然已經約好了，這段時間就應該約會才對。但是這時候會因為妳堅持要約會，或是體諒他的處境，導致今後你們的關係出現變化。

　　妳不可以用希望對方感恩圖報的心態施展咒語。妳要真心地為他著想 —— 讓他覺得如此 —— 這點尤為重要。接下來就真的一個人去找樂子吧！

✱ 魔 法 的 祕 密 ✱

越是忙於工作的壯年男性 —— 總之就是年紀適合談戀愛的人 —— 往往會因為沒時間陪女朋友而充滿罪惡感。

想為了自己努力工作，也想為了女朋友珍惜私人時間。自我實現很重要，女朋友也很重要。所以才會在這二者之間左右為難。

正因為如此，妳若能包庇他的罪惡感便無可匹敵。

請退一步，諒解他的處境。而且要顧及到他，避免他產生罪惡感，所以妳要能夠一個人過得很開心。當然他也是大人了，想必會察覺妳是在裝堅強。話雖如此，只要聽到妳這樣說，他一定會覺得鬆了一口氣，相信也會很感激妳。

這並不是要妳壓抑自己，以他為優先的意思。只是在說他真的累壞了的話，就要體貼他念這句愛情咒語給他聽。

H I N T

讓他有一點寂寞的感覺

避免他心裡沒有妳的祕訣，就是要「讓他有一點寂寞的感覺」。雖然見面的時候妳心裡都是他，但是沒碰面的時候妳好像也很開心 —— 讓人很放心卻有些空虛 —— 妳要讓他有這樣的感覺。不需要想得太複雜。只要妳總是努力地讓一個人的生活過得很充實，自然就會讓他有這種感覺。妳也要好好享受一個人的生活喔！

LOVE SPELL
086

辛苦你了，
要好好加油喔！

為工作而活的對方
要讓愛火在他心中熊熊燃燒

✻ 用 法 ✻

等他工作結束之後，就念這句愛情咒語。

趁著當天工作或是漫長專案結束後，他已經累壞了的時候。妳可以馬上施展咒語，也可以在他開始聊工作艱辛時，靜靜地側耳傾聽之後再念出咒語。

妳要由衷地慰勞他的辛苦，再溫柔地念出咒語。

我明白有時候妳會很氣他的工作，但是妳一定要忍下來，這點非常重要。最要緊的並不是發洩妳的情緒。因為得到他的心之後，才能順利點燃他對妳的愛火。

✷ 魔法的祕密 ✷

對他的工作表示不滿實為下下之策。對男性來說工作就是他的人生，是自我實現，也是責任。畢竟有些事情他也無法掌控。

因此妳要是發洩不滿的情緒，當他覺得不被理解時就會封閉心房。否定他的工作，就像是按下最後的導彈按鈕。

話雖然這麼說，這句愛情咒語並不是在教妳無條件地聽他擺布。

而是要妳先體諒他 —— 畢竟努力生活是很了不起的事 —— 妳要試著尊重他。如此一來他也許就會意識到，他是為了誰如此努力地想要獨當一面。所以此時要讓他看見妳的體貼入微。

從他的角度來看，接下來他一定會用愛來回報妳。妳要知道他一直很想聽到這句話。

HINT

交往後步入禮堂的方法

他和妳在一起時，通常會同時想到一件事：「和這個女生結婚的話，人生會變得如何呢？」因此他若有前景一片光明的感覺，就會希望能和妳結婚。這時候男性會著重在能不能開心工作，以及快樂度過獨處時間。如果妳常常抱怨他的工作或私人時間，就要特別小心。記住一個祕訣，要在某種程度上給他自由的空間喔！

LOVE SPELL
≶ 087 ≶

像……的感覺就行了，你決定的事我都會很開心。

培養對方的領導能力
讓他可以保護妳

✳ 用 法 ✳

想讓他變成好男人的時候，就念這句愛情咒語。

比方說決定要開車去哪裡兜風、記念日要在哪裡吃午餐，或是希望他挑選生日禮物的時候。

最重要的是妳要指點方向，比方說「在看得到海的咖啡廳」、「到奢華一點的飯店」、「用這種品牌的香水」，妳要給他提示。

隨後再肯定地對他說：「只要是你為我做的安排，我一定都會很開心。」當天還要參考愛情咒語080，用誇張的語氣一再讓他感覺妳很開心。因為妳要讓他覺得很驕傲。

✱ 魔 法 的 祕 密 ✱

男性在長大成人的過程中，並不會學到如何當一名護花使者。

不懂得安排約會計畫 —— 總是妳在做決定 —— 性格被動而且有時根本毫無送禮品味。妳心中難免會希望對方可以細心一點。

這時若能想到要「培養他」，妳就無可挑剔了。

所以妳要施展這句咒語，**讓他負起責任，養成做決定的習慣。** 就是要培養他在愛情方面的自主性。

不過每一個人都會害怕做決定。尤其他最在意的，是他殫精竭慮後的想法被妳給否定。因為會傷害他的自尊心。

所以要指定方向 —— 暗中讓他學會妳的喜好 —— 讓他的選擇變簡單，同時告訴他「妳一定會喜歡」，**保證絕對不會使他的自尊心受損，並讓他感到自豪。**

請妳一面讚美他，一面讓他做出可靠的決定吧！

———— H I N T ————

我們都會朝著被人讚美的方向進步

施展這句愛情咒語之後，他就會越來越懂得討妳歡心。因為他會開始留意怎麼做妳才會高興。我們都一樣，從小就會逃避被人否定的事情，朝著備受讚美的方向成長。同理可證，當他做錯事的時候，妳不要加以否定；當他做對事的時候，妳要好好讚美他。

LOVE SPELL
088

好希望你跟我說你愛我。

讓對方願意跟妳說我愛妳

✳ 用 法 ✳

希望對方跟妳說「我愛妳」的時候,就念這句愛情咒語。

利用二人專屬的時間,能夠甜蜜談話的時候施展咒語。不過念咒語時有一個祕訣,必須真心念出來才行,但是不需要變得情緒化。

在這前後妳要告訴他:「男生也許難以理解,但是女生只要聽到對方說我愛妳,就會感到很放心,所以只要你願意跟我說,我會很開心的。」

就像在跟文化不同的外國人說話一樣 —— 其實男女也是如此 —— 所以要簡單明瞭地說明清楚。只要他能理解,他就會願意跟妳說我愛妳。

✳ 魔 法 的 祕 密 ✳

大家都會想要聽到喜歡的人跟妳說「我愛妳」。

然而男生卻很少對女生說我愛妳。因為他們不習慣，或是害羞、自尊心不允許，各式各樣的理由都有。

追根究柢，當中其實隱藏著一個理由：「在男性心理並不明白說出來有何好處。」

男性只會考慮有沒有實質上的意義。完全不了解女性這種只要聽到對方說我愛妳，內心就會感到平靜，心情就會愉快的心理。

然而這只是無法對女人心產生共鳴而已，並不是意指他們無法理解。

簡單來說，「這種行為男性無法理解，卻能讓女性感覺良好」。當妳因對方不懂妳的心而感到悲觀之前，應該主動向他解釋女生在想什麼喔！

HINT

想要多聯絡、想要多見面

很多時候女生「希望多見面」、「想要多聯絡」的相思病，他並不了解這有多嚴重。站在男性的角度，如果沒什麼特別的事，應該沒必要聯絡。所以切記要參考這句愛情咒語，讓他了解「這麼做對女性是有意義的」。關鍵在於妳不是想吵架，只要直接了當地說明清楚喔！

LOVE SPELL
089

我會受傷，
所以別這樣做。

責備對方無禮言行
營造真摯關係

✳ 用 法 ✳

對方對妳做出失禮的行為時，就念這句愛情咒語。

時機非常重要，必須馬上施展出來，讓他能明白妳所謂何事。

妳要用認真的態度念出咒語，但是不必客氣，而且也沒必要變得歇斯底里。就像在告訴他一件理所當然的事情。倘若他做了讓妳討厭的事，妳就必須告訴他妳不喜歡，如果妳受傷了，就要跟他說妳受傷了。

說得極端一點，即便氣氛尷尬也無所謂。受不了尷尬的氣氛也要拿出勇氣，不能逃避。

✳ 魔 法 的 祕 密 ✳

男性有時候會做出些許莽撞的言行。

譬如想開玩笑於是爆粗口，或是不遵守約定、心情不好時火上加油等等。究竟他們為什麼會這麼做呢？

事實上，這是因為男性比妳想像得更不了解女性會為何事感到反感。

畢竟學校裡並沒有教 —— 他們不懂才會做不好。尤其在男性之間，有時候野蠻的溝通方式證明他們感情很好。所以他們往往會將這種溝通方式直接套用在女性身上。因此惡意行為並非有意冒犯。

正因為如此，妳才有必要利用這句愛情咒語，教他們「是非對錯」。

所以妳要說出來，好好提醒他。只要妳念過一次咒語，相信他就會有所轉變。有時候妳也必須很有耐心地一直施展咒語。妳也只能這麼做。如果妳希望他改變的話。

H I N T

讓他像珠寶首飾一樣小心呵護妳

妳不必接受別人對妳的惡意對待，更重要的是妳應該斷然拒絕。妳要拒絕惡意的對待，只允許別人禮貌相待。有人愛的女性，在這方面都十分拿手。主張應有的權利並非壞事，反而應該大方表達出來。因為對待妳的方式，是由妳來做決定喔！

LOVE SPELL
090

謝謝你跟我說對不起，我也要向你道歉。

使對方成為坦率道歉的男性
讓雙方能迅速言歸和好

✳ 用 法 ✳

吵架後當對方向妳道歉時，就念這句愛情咒語。

一聽到對不起這三個字 —— 能夠感覺到他已經反省了 —— 接下來就別再要求太多，這是施展愛情咒語的一大祕訣。隨後妳也要道歉。因為大部分的爭吵，雙方都有需要道歉的地方。妳也要讓他看到冷靜下來深刻反省的模樣，必須保持公平。

我明白妳難以平復的不滿情緒，但是吵架一定要在某個時間點結束才行。畢竟最重要的並不是抒發妳的情緒，而是維持幸福的關係。

✳ 魔 法 的 祕 密 ✳

有時難免會覺得對方的道歉沒有誠意。

但重要的是妳要明白一點,「根本沒有一種道歉可以百分之百讓妳滿意」。了解妳真正的想法 —— 如何道歉才能滿足妳 —— 其實妳自己也做不到。

即便是不得要領的道歉,想必已經是他深刻反省過後的結果了。首先妳要試著去感謝他願意跟妳說對不起。**男性的自尊心極高,要他低頭可不是件容易的事。**

一旦妳拒絕他的道歉,就會讓他學到一件事:「道歉不僅毫無意義,似乎只會更麻煩」。

總而言之,他就會養成「不要道歉的習慣」,讓你們更難交往下去。為了避免這種情形,妳最好要施展這句咒語,**讓他在心中養成「誠心道歉的習慣」。**

H I N T

不懂得道歉的男性要特別小心

像一個好男人一樣,願意護送妳回家,談吐風趣,但無論出手再大方,只要透過「懂不懂得道歉」這一點來觀察,就能認清對方是不是危險的男性。交往後突然變一個人的男性,看似精明 —— 懂得臨機應變用玩笑話敷衍過去 —— 事實上往往會逃避低頭認錯這件事。總有一天,他這種傲氣會用在妳的身上,請妳要特別小心。

LOVE SPELL
≡ 091 ≡

我現在這樣可愛嗎？

避免致命問題以防對方漸行漸遠

＊ 用 法 ＊

想向對方傾訴內心不安或發脾氣的時候，就對自己念這句愛情咒語。

妳要慢慢地吐氣，在心中或是用只有自己聽得見的音量念出咒語。重點是全身力量要放鬆。

妳現在這樣看起來會可愛嗎？

如果看起來不可愛的話，妳就要冷靜下來。因為妳應該隨時都是可愛、公平又美麗的女性。妳並不適合在一時情緒影響下，將所有事情一吐為快，做出會破壞和他共處幸福時光的行為。

妳的心情，要由妳自己來照料喔！

✳ 魔 法 的 祕 密 ✳

他不珍惜妳、沒有遵守約定、以其他的事情為優先、沒有打電話給妳、無法與妳見面、背叛妳、妳感到非常不安——我明白妳這樣會十分難受。

但是在這時候立刻任憑情緒激動，覺得「我受傷了、我沒有錯、他現在應該設法立刻安撫我這種心情」，於是發洩不安及怒氣的話，是非常危險的事。

因為他完全無法理解女性這些一舉一動，原來是從妳的感受發酵而來。

進一步來說，他應該也有話要說。就像妳受到傷害一樣，說不定他也受傷了——因為一些男性的觀點，而這部分妳也沒有察覺到。即便妳表達出自己的心情，卻無視他的感受，他肯定會覺得很厭煩。

冷靜下來吧！最重要的應該不是發洩心情。所以希望妳能施展這句咒語，這也是為了讓妳重新檢視自己。

207

H I N T

妳有發現他已經愛上妳了嗎？

基本上，男性和女性愛人的方式並不相同。例如男性就是因為重視女朋友，為防將來生活困頓——尤其考慮到結婚以後的事——才會減少約會次數，出現努力打拼工作的傾向。從女性的角度來看，也許並無法理解。但是雙方心裡依舊是愛著對方的。正因為如此，最重要的還是要相互溝通。

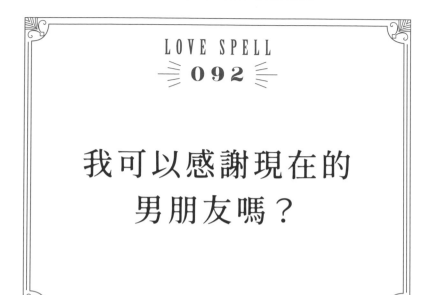

LOVE SPELL
≡ 092 ≡

我可以感謝現在的男朋友嗎？

窺探自己內心
讓真正的不滿浮上檯面

＊ 用 法 ＊

不管什麼時候，當妳不安或憤怒到極點，覺得「對方不願意花時間陪妳是因為不愛妳了」、「男女朋友沒有每天聯絡實在不可思議」的時候，就念這句愛情咒語。

首先妳要停止情緒起伏不定，想像妳像監視器一樣，從天花板盯著妳自己。如同外人一樣，從外部的角度觀察妳的表情及行為。

接下來，再試著靜靜地念出咒語。也許妳會感到心痛，但是猶如窺視占卜師的水晶一樣，妳將會看見真正重要的事物。妳一定會明白不滿的真相。

✳ 魔 法 的 祕 密 ✳

對他感到不滿，很多時候都是因為在不知不覺中要求過多。 詳細原因將分成兩部分為大家解說。

首先是將「戀人迷思」強加在對方身上。

我們很習慣從父母、前任、朋友、電影或雜誌內容中，塑造出「戀人就該如此」的迷思。拿對方與這種幻想做比較，向他抱怨：「希望你多跟我說你愛我！」「都是因為你以工作及朋友聚會為優先，根本不重視我！」於是變得很悲觀。

而且「戀人迷思」還會越來越嚴重。

因為在交往期間，妳心中會產生「對方應該這樣對我」的期待。明明每個月去吃飯就很開心了 —— 這種事變成理所當然便缺乏感激 —— 進而演變成每個月不去旅行即會心生不滿。所以對於戀人的要求就會越來越高。

大部分人際關係間的不滿情緒，都可以用這兩部分來加以說明。

------ H I N T ------

我 們 不 過 是 幸 福 的 外 行 人

我們經常會在「不滿足於現狀，想要更多」這種基因擺布下，做出一些行為。所以我們很擅長追求幸福，卻不善於享受幸福。不知不覺「想要體會更多幸福的感覺」，於是著眼於不滿足的部分。但是更多的幸福不能向對方索取，因為妳也要讓自己的人生過得充實才能感受得到。

LOVE SPELL
≋ 093 ≋

原來你都沒有發覺
自己很厲害。

滿足對方自尊心
成為不可或缺的存在

＊ 用 法 ＊

當對方在自暴自棄時，就念這句愛情咒語。

具體來說，就是聽到他埋怨：「反正我就是不受歡迎！」「真希望我天生就很有男子氣概！」「我只是在做一些大家都能做的工作。」「我都說不出好聽的話。」

不管是哪方面的事情，發現他就要說出貶低自己的話時，就念這句咒語。這句「很厲害」有時也能改用「很帥」、「很有價值」、「很有魅力」等說法。

接下來，再告訴他妳為什麼會有這種感覺。妳就是要用反駁他自暴自棄的方式，說出他的優點有哪些。

✳ 魔 法 的 祕 密 ✳

男性是需要自尊心的動物。

這也意味著當他的自尊心受到打擊時，就會完全失去自信，變得卑微。所以無論什麼話題，都會聽到越來越多自我貶低的言論。

這種時候，更是妳發揮的大好機會。

總之他所有自暴自棄的發言妳都要加以反駁，除非你們停止對話。就是要從異性口中告訴他，他如何給人留下很好的印象。因為這正是自信全無的他，內心渴望聽見的，將深深影響他。

這句愛情咒語當中，最關鍵的就是「發覺」二字。

在這句話的幫助之下，會使談話主題切換成「以他很厲害為前提，而他是否有察覺到這點事實」，並不是「他是否很厲害」這件事。所以會變成更加無法否定，使他容易接受的讚美語言。

H I N T

用讚美擄獲他的心

讚美語言有一個祕訣，就是要「誇讚對方從未發覺的部分」。例如頭髮在陽光照射下發出美麗色澤、調整眼鏡的動作很迷人、總是不會讓人感到年齡差異。從他的角度來看，能夠發現全新的自己── 如果這點能讓他感到驕傲的話 ── 他便離不開教會他這點價值觀的妳了。妳一定要好好地想想看喔！

LOVE SPELL
=094=

包含這點在內，你的一切我都很喜歡。不管發生什麼事，我都會一直陪著你。

包容對方弱點
妳就會如聖女一般被他所愛

✳ 用 法 ✳

當對方讓妳看到他的弱點時，就念這句愛情咒語。

妳要凝視著他的眼睛，用溫柔的表情及聲調，堅持一貫的態度告訴他：「無論如何我都會站在你這邊。」用語言以外的方式表現出來的說服力，也是非常重要。

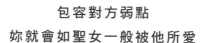妳要表現出由衷包容他一切的感覺。

在類似處境下妳必須運用不同的愛情咒語，「想讓對方振作時」就要施展愛情咒語**093**，而愛情咒語**094**則是用在「想要安慰對方的時候」，若要讓對方印象更加深刻的話，便要念這句愛情咒語。

✳ 魔 法 的 祕 密 ✳

不管任何人都有弱點。

尤其對方會示弱，可說就是他打開心房的時候。此時他並不是在尋求建議，只是希望妳接受他。就和每個人一樣。

重要的是妳要表現出「不管他怎麼樣，無論他值不值得，妳都會無條件地陪著他」。

其實就是要接受他的全部。

重點在於當他示弱時，妳要告訴他：「你脆弱的部分我也喜歡。」畢竟他平常總是拼命地掩飾弱點，每天都活在批評的恐懼之下。

在妳施展這句咒語之後，就能幫助他擺脫這種壓力。他會覺得在妳面前可以輕鬆呼吸，坦坦蕩蕩地過日子。當妳可以保持這種心態，妳就會如聖女一般被他所愛喔！

H I N T

請救救軟弱的自己

每一個人都不知道如何應付「自己的弱點」，例如會習慣逃避人生、在意他人的眼光、臣服於欲望等等。只是我們平時總是掩蓋弱點度過每一天。因為直言不諱的話，會被人曉以大義譴責「妳太天真了」、「妳得堅強起來」、「妳要克服」，於是內心會受傷。正因為如此，這種無法向人傾吐的弱點，有人願意包容：「這樣子沒關係！」內心就會非常感動。

LOVE SPELL
095

我最喜歡你了！

將真心話告訴對方
就能永遠幸福下去

✳ 用 法 ✳

想向對方表達愛意的時候，就念這句愛情咒語。

妳想簡單施展咒語時，就念這句愛情咒語。譬如聊天聊到一半喜歡的感覺一湧而出時、早上打招呼或是約會道別之際，還有傳訊息、講電話等等的時候。

隨後妳可以突然緊緊抱住他。只要他不趕時間，妳還可以向他說明理由。

重要的是妳要定期施展咒語，一個月至少要數次。如何念出咒語並不重要，也許妳會覺得不好意思，但是妳要試著挑戰看看。妳將會看見他開心不已的模樣喔！

✳ 魔 法 的 祕 密 ✳

愛若不說出來，對方並不會知道。

站在女性的角度，認為一起共度時光，每天打電話，談天說笑，多次約會的話，應該已經能充分讓對方感受到妳喜歡他。

但是男性非常遲鈍，所以並不會察覺妳喜歡他。

或者也可以說是判斷標準不同。男性之間常見的溝通狀況，是他們無法透過氣氛相互察覺彼此的想法。說得極端一點，因為他們相信唯有說出來的話才正確。所以他們活在實事求是的「合約書文化」當中。

因此妳不跟他明言「我喜歡你」的話，他就不會有感覺。

如果妳喜歡他，就要清楚表達出來，念出這句愛情咒語給他聽。就像平日最好向重要的人說「謝謝」一樣，才能讓幸福的關係持續下去。

H I N T

如果妳想讓人生充滿戲劇化

也許妳會不好意思施展這句愛情咒語。有位電影導演曾經說過：「戲劇就是刪去無趣之處的人生。」反過來說，只要刪減無趣的部分，人生就會漸漸變得戲劇化。例如在他面前像主角一樣說出尷尬的台詞，請妳一定要讓日常生活變成一部電影。

SCENE
06

促使對方求婚的
愛情咒語

妳終於永遠得到對方的愛了。

話雖如此妳卻不能一味地等著對方求婚。
未來必須積極開創而不能痴痴等待。
就像過去的戀愛一樣，了解男性的心理之後，
就要由妳主動吸引幸福降臨。

重要的是，妳要了解他的心。
明白他對於結婚有何想法？

妳要察覺隱藏在背後的一切，
適時將愛情咒語施展出來，
成為他想求婚的對象。

本章節是用散發「光輝」香氣的魔法墨水寫成。

妳曉得光輝也帶有香氣嗎？
從似有若無的香氣，到閃閃發光的香氣。
每翻開一頁，
妳一定能感受到光彩奪目的香氣。

現在就差一步了，
快朝著那條光明大道前進吧！

LOVE SPELL

096

我想結婚。

告訴對方結婚念頭吸引他求婚

✳ 用 法 ✳

想和對方結婚的話，就念這句愛情咒語。趁著提到結婚、戀愛以及未來的話題時，或是在聊到朋友或知名人士結婚的事情之後，將「我也好想結婚」這句咒語施展出來。

當下並不是要逼出一個結論，只是像在表達個人某些想法一樣，這點尤為重要。妳不必變得歇斯底里，也沒必要讓人感覺悲傷。妳若不想令人覺得氣氛沉重，只要隨口念出咒語即可，保持輕鬆的態度。

同一句愛情咒語，也可以趁著對方問妳想要什麼東西時，裝作開玩笑的模樣回他說「我要求婚」。

✱ 魔 法 的 祕 密 ✱

首先要告訴他「妳想結婚」的念頭。

畢竟只要妳沒說出來，男性是不會明白的。縱使他已經察覺到，也會刻意不去觸及結婚的話題，繼續維持這樣的關係，往往會逃避思考未來的事情。

反而是已經修成正果的伴侶，多數都會在談話當中提到「結婚」一詞。

突然想到就聊聊結婚的事 —— 趁著閒話家常的時候 —— 就能在你們之間慢慢營造出結婚的夢想。換言之婚姻並不是「妳贏得的」，而是「你們一起夢想的未來」。

妳千萬別因為害怕、不好意思、莫明其妙的道德感，於是認為不可以提出「結婚」的事。施展這句愛情咒語，讓「結婚」一詞自然而然出現在你們情侶的對話當中吧！

H I N T

結婚二字不要連說好幾次

不管在聊天當中提到「結婚」二字有多重要，千萬不能每次都連說好幾次。從孩子的教育方針 —— 明明還沒生出來 —— 到自己買房的計畫，對於不斷聊到未來結婚後的話題，都要適可而止。因為妳一直對他施壓，會讓他感到厭煩。偶而幾次念出咒語倒是沒有關係，他一定會充分意識到的喔！

LOVE SPELL
097

以結婚為前提 考慮看看好嗎？

從交往開始步上婚姻之路

✳ 用 法 ✳

等到對方告白之後，就念這句愛情咒語。

告白時如果「自信他強烈喜歡妳」，或是「因立場及年齡急著想結婚」（沒時間與不打算結婚的男性交往），就能施展咒語。

祕訣是要大大方方地念出來。

由妳主動告白時，或是開始交往後也都可以施展咒語。此時妳要認真思考是否已經符合上述條件。不可以因為焦急而施展咒語，妳要在有自信得到極高機率的肯定答覆時，再念出咒語喔！

✳ 魔 法 的 祕 密 ✳

這句愛情咒語有一大特色，就是可以節省時間。

交往一陣子之後，妳可以跳過膽戰心驚確認對方想不想結婚的過程。換言之就是能略過「不打算結婚（但是想交女朋友）的男性」。

當然在這種狀態下，一開始就會迫使他面臨極大的抉擇，畢竟是讓他自交往前便考慮到結婚的事。所以妳必須在告白之前，就要讓對方喜歡妳到「可以和妳結婚」的地步。

話雖如此，在這之前倘若妳已經施展其他愛情咒語，明顯能夠吸引到對方的話，便值得妳施展這句咒語。

念出這句愛情咒語是需要勇氣的。

因為可能因此導致關係結束，但有時候還是需要這句愛情咒語。妳要勇於付諸行動，才能得到幸福。

──── H I N T ────

男性表示不想結婚時的應對方法

公開表示不打算結婚的男性，並不在少數，因為他們還想過自由自在的生活。但是絕大多數在過了30歲之後，就會開始因為年紀的關係而步入婚姻，而且只要遇到真心喜歡的另一半，不管到了幾歲都會主動求婚。所以要將男性的「不結婚宣言」，當作是「目前的想法是如此」就好。

LOVE SPELL
=≥ 098 ≤=

我想談談未來的事，
不過你的工作也很重要，
所以我要好好思考一下。
不知道你對結婚有何想法？

讓對方為結婚踏出第一步

＊ 用 法 ＊

想要聊聊你們的未來時，就念這句愛情咒語。

祕訣是要趁著無事煩心的休假日聊一聊，在彼此心情都很放鬆的狀態下施展咒語。

如果他看起來很忙的話，就只要念出下述咒語：「我想談談未來的事，希望你能空出時間給我。」當男性專注在某件事情的時候，並無法好好談論要事。所以妳應該等他轉換思緒，過幾天再有建設性地與他談一談。

並不是要說服他，也不是要傾吐妳的不安及心情，最重要的是，只要老實詢問他有何想法即可。

✳ 魔 法 的 祕 密 ✳

想要結婚的話，必須彼此談一談結婚的事。

看起來很理所當然，但是有時卻會害怕對方的反應，總是不敢向他提起。然而唯獨此時可說是妳必須拿出勇氣的重要時刻。

這時候妳要讓他覺得，「妳並不只是在考慮自己的事，妳也一直有在思考對方的工作及人生」。

尤其對男性來說，工作是他們最關心的事情。妳不能在忽視他工作的情況下，繼續談到結婚的話題。妳更要提及工作的重要性及辛苦，與他產生共鳴後，你們才能以結婚為目標，使立場一致。

談事情的時候，妳要先問「對方今後的工作規劃」，尊重他的想法。畢竟未來的人生 —— 應該不只有結婚而已 —— 用一種尋求妥協點的方式，彼此好好地談一談。

────────── H I N T ──────────

想要結婚時必聊的三個主題

談到未來的事情時，要在結束工作規劃的話題之後，再和對方討論「彼此有沒有結婚的打算」、「有結婚打算的話，何時想要結婚」、「接下來完成哪件事後就能結婚」。尤其最後的問題要當作一個課題，這點尤為重要。因為男性大腦屬於問題解決型，所以用提問的方式他才會進一步去思考：「該怎麼做才能結婚？」

LOVE SPELL
099

你所有挑戰我都支持。
我不是只想過美滿生活，
能和你在一起才是幸福。
希望你明白我的心情。

包容對方想法
讓他想要結婚

＊ 用 法 ＊

想鼓勵對方走入婚姻時，就念這句愛情咒語。

提到結婚的話題時，他難免會猶豫不決，找藉口說：「我的夢想和工作還沒有著落。」有時候甚至不說出來，妳也感覺得到。

這種時候就要施展咒語。在理解對方的不安及心理矛盾後，用一種不會造成負擔的方式，告訴他妳想結婚。

這句愛情咒語的涵義 —— 隱藏在男性內心深處的想法 —— 請妳要仔細咀嚼好好理解。當妳能真心誠意地念出這句咒語，就能融化他的心喔！

✳ 魔 法 的 祕 密 ✳

絕大多數的男性都有這種執迷不悟的觀念：「出人頭地之前，都不應該結婚」。

所謂的出人頭地，就是做到自我實現，也就是夢想成真、功成名就、獨立創業、收入及存款穩定、飛黃騰達——諸如此類。

當自己成熟到得以自我認同的程度之後，才會開始覺得自己能去做結婚這種「獨當一面的行為」。

但是從女性的角度來看，聽到對方這麼說一定會十分傷腦筋，因為不知道要等到何時才好。

所以不要提出妳的意見：「我喜歡的是現在的你，並不期望更多。當然我會支持你所有挑戰。所以不要等到你出人頭地再結婚，而是結婚後我們一起努力出人頭地。」

相信在他心裡，會突然浮現前所未有的想法。

━━━━━ H I N T ━━━━━

在出人頭地前不能結婚

對於這種「執迷不悟的觀念」，他時常會鑽牛角尖，並且充滿罪惡感。在自私的欲望影響下——現在還不是時候——所以對於無法回應女朋友想結婚的念頭，會感到非常難受。也許女性根本不了解這種心情。但是很多男性會在這種衝動驅使下做出一些行為。反過來說，只要了解這種衝動，就能解讀男性難以解釋的言行舉動。

LOVE SPELL
≷ 100 ≷

我考慮在……之前
要結婚。

讓對方想要求婚以免失去妳

✳ 用法 ✳

想讓對方下定決心結婚時，就念這句愛情咒語。

關鍵在於妳要設定期限。告訴對方妳希望何時以前，或幾歲之前要結婚。例如明年內、30歲之前，只要不會不切實際，都可以提出一個妳希望的時間點。

妳要在聊起未來的話題時，將咒語施展出來。隨後再告訴他：「如果結不成婚就打算分手。」這點也非常重要。

如果妳連情緒方面的細微差異都想讓他知道的話，可以用嚴肅的語調，也可以用玩笑話，甚至其他的表達方式都沒問題。只要他的想法看似沒有改變，就要讓他感受到妳的堅定意志。

✳ 魔 法 的 祕 密 ✳

想讓他做出決定的話，就要設定期限。

因為我們都是在設定期限後，才會開始強烈意識到這件事。反過來說，只要沒有設定期限，難免一再拖延，心想「現在還不需要去擔心這件事」。

當男性發現「最愛的女人並不會一直陪在他身邊」的時候，才會下定決心向妳求婚。

因此妳要跟他說，如果無法在期限內結婚就要離開他，讓他感覺到「失去的痛苦」。

關鍵在於妳不能逼迫他馬上做出決定。

妳只要設定一個合理的時間，他就可以為了結婚調整生活及工作。意思就是說，接下來全看他怎麼做。

如果他因為工作等原因而猶豫不決，妳不妨參考愛情咒語**098**、**099**，向他施展咒語：「我當然會支持你，為你守候。但是想設定一個期限。」

· ——————— H I N T ——————— ·

同居後避免結不成婚的方法

這句愛情咒語在同居的時候也可以施展出來。在同居的狀態下，最重要的也是要「設定結婚期限」。始終要將同居視為是在測試結婚生活的契合度。同居之前妳要先告訴對方，設定期限之後如果無法結婚的話，妳便打算分手。這也是為了妳的人生著想，千萬不要拖泥帶水繼續同居。

LOVE SPELL
101

總之你若能向我求婚，
我會很開心。

要求對方採取行動保證
讓他向妳求婚

✳ 用 法 ✳

想要引誘對方求婚，就念這句愛情咒語。

首先妳要施展愛情咒語**096～100**，彼此聊一聊結婚的話題。當他好像願意考慮之後，最後再用央求的方式念出咒語。這時候還須考量他工作以及生活上的事情，再告訴他希望在何時之前被人求婚。請參考愛情咒語**079**與**087**，作為掌控男人心理的終極武器。

接下來再施展這句咒語：「不需要太講究，只要你能向我求婚我就會很開心了。」妳也不需要對求婚要求太多，只要做好開心的準備就行了。

✴ 魔 法 的 祕 密 ✴

這句咒語在引誘對方結婚時非常好用。

事實上要讓他求婚最重要的一點，**就是催促他求婚。**聽起來也許非常簡單，但是這將會嚴重左右未來的命運。

因為在他的心中，「明白妳想結婚」與「由他求婚」是兩碼事。

因此等妳提到結婚的事之後 —— 即便在某種程度上達成共識 —— 還是必須清楚告訴他：「所以要請你求婚。」請他採取行動。

於是他才會恍然大悟，有結婚的打算時該怎麼做才好。

男人心裡也會擔心，求婚似乎得設計精采的驚喜橋段才行。因此妳要預先施展這句咒語：「任何形式的求婚我都會很開心的！」（愛情咒語**087**）

─ H I N T ─

妳擔心是因為有什麼事情他才不願向妳求婚嗎？

有時候站在他的立場思考一下就會明白，也許是沒有足夠收入應付婚姻生活、工作忙到沒空結婚、獨處時間變少後夢想越來越遙遠等等 —— 各種原因都有可能。重要的是，別讓他自己一個人背負重擔。妳要表現出一個人也會過得很幸福的決心。美滿的婚姻生活就在不遠處等待著妳喔！

SCENE
07

幫助分手&復合的
愛情咒語

請讓我實話實說，這段話非常重要。

不知為何，

人生有時是需要說再見的。

無論妳再喜歡的人，

只要他傷害妳讓妳難過，妳就一定要逃離他。

有時也會不明不白地被對方提出分手。

於是妳陷入恐慌，一心只想復合，

這種心情我都明白。

期盼妳不需要閱讀本章。

但是當妳需要的時候，請妳毫不猶豫地翻開它。

因為這裡寫著妳必須施展出來的愛情咒語。

本章節是用散發「勇氣」香氣的魔法墨水寫成。

宛如一大早在森林中呼吸到的清香空氣，

相信妳總有一天會突然感覺得到。

照著妳自己的步調，就能調整好心情。

不知道在妳心中，勇氣的樣貌會如何展現出來呢？

LOVE SPELL
≋ 102 ≋

我希望你把我擺在
第一位，所以我不需要
不珍惜我的人。

讓自己的立場堅持到底
提出分手最後警告

＊ 用 法 ＊

在你們可以談一談的時候，認真地念出這句咒語。

彼此談過之後，也許就會出現施展咒語的時機。妳不要因為當下的氣氛、他的心情、擔心會失去他而提心吊膽。這時候必須認真以對。

關鍵在於讓他了解，妳指的是「他的何種行為」。畢竟他有時並不知道哪裡做錯了。如果他毫無頭緒，妳還可以具體舉例說明給他聽。

接下來妳要等他回答。也許會沉默一段時間，但是請妳不要敗給沉重的氣氛，這時候必須下定決心做好心理準備。

✴ 魔 法 的 祕 密 ✴

寫給受人擺布、為愛情煩惱不已的妳。

這句愛情咒語不但是宣告分手的台詞，也是希望他為妳做出改變的最後警告。

妳要告訴他哪裡做錯了，除此之外還要讓他警覺妳有分手的打算，很多時候他才會開始意識到，自己並不是一個很好的男朋友。畢竟男性都很遲鈍。

交往之前，妳也可以施展這句愛情咒語。

人和人在相識的瞬間，就會嗅出與對方的權力關係。嘗過甜頭後便難以轉圜，而且只要能贏得尊重，這種感覺就會持續下去。

因此在剛認識的時候，就要堅持妳的立場，告訴他：「我是以自己為優先（不會以你為優先）。」接下來才能讓男性意識到一件事：「必須好好對待這個女生。」

H I N T

分手的技巧

人生中「分手的技巧」非常重要。無論再喜歡的人、再親密的人，當他傷害了妳，讓妳擔心，使妳難過的話，就要有技巧地提出分手。因為這麼做，未來才能認識新對象。雖然心痛會隨之而來，但是不知道為什麼，當妳長大成人後想要得到幸福，很多時候都必須說「再見」。這也算是明哲保身的技巧。

用說的我聽不懂，
不如用行動來表示。

擺脫壞男人
讓對方好好反省

＊ 用 法 ＊

希望對方展現誠意時，就念這句愛情咒語。

譬如明明沒在交往，卻灌迷湯說「喜歡妳」，或是變成男女朋友之後，哄妳說「想獨立」、「要戒掉賭博」，但卻無法實現的時候。

妳要看著他的臉，認真地施展咒語，目的就是讓他好好反省。或者當他是個徹頭徹尾的壞男人，也會讓妳擺脫他。

假使他已經反省了，就念這句愛情咒語：「我想要相信你，但要看你何時才會採取行動。」不要只是當下口頭上約定，而要讓他提出期限。

✳ 魔 法 的 祕 密 ✳

不遵守約定、缺乏行動力、背叛妳、隨心所欲、找藉口、脾氣差或出軌 —— 各式各樣的壞男人都有。

事實上這些壞男人都有一個特徵，就是「只會說而不願意為妳好好去做」。

當妳想了解他的時候，只要試著去留意他的行為。別被口頭上的花言巧語所迷惑，因為用說的什麼話都說得出來。如此一來妳就能看清他的本性。

到頭來我們的真面目就只是「過往有何作為」的累積。

當然不可以只是對他提出要求，因為這句愛情咒語也會反彈到妳的身上。總之意思就是說，「妳的本性也會展現在行為當中」。

雖然迷惘，也請妳務定要當個勇於行動的女人。

H I N T

壞男人會令妳心亂如麻再掌控妳

壞男人會粗暴地對待妳。讓妳將這種不安的感覺，錯認為心跳加速的「戀愛」。但是妳千萬別誤會了。這就像情緒的雲霄飛車，只是單純的刺激感，妳可不要錯過真正平靜的幸福。請多加留意會莽撞對待妳的男性。因為一個好女人，應是善於讓壞男人遠離妳的女性。

LOVE SPELL
≋ 104 ≋

我這麼努力就是 為了改變， 但是你能改變嗎？

表明妳要改變的決心
希望對方也能改變

✳ 用 法 ✳

希望對方為妳改變心意時，就念這句愛情咒語。

妳要在你們談話結束時，施展這句咒語。譬如目前的關係再這樣下去會步向終點，或是在聊完彼此的價值觀如何矛盾之後。

妳不可以像在挑釁一樣，情緒激動地念出咒語。畢竟這是帶建設性的提議。

此時妳要明確且具體說明，總之就是要用他容易理解的方式，告訴他妳打算如何改變，並且希望他如何改變。請參考一下愛情咒語**079**。

✽ 魔 法 的 祕 密 ✽

男女朋友怎樣才能長長久久？

並不是價值觀契合，也不是做一個成熟理智的人。進一步來說，甚至不必相互體貼。這點妳可能很意外吧！

世界上根本找不到，和異性交往時完全找不到缺點的人。大家都是第一次。大家都有所不足，不了解的事情多得是。

正因為如此，維持長長久久的愛情只有一個重點，就是「能否為對方改變」。

不是妳現在的模樣，而要見到妳未來的樣子。

只要彼此都能改變，這對男女朋友便能長長久久。當然不可以把責任全推到他身上，最要緊的是妳能夠努力去改變。

妳要先讓他看到這樣的決心喔！

● ─────── H I N T ─────── ●

讓妳永遠魅力十足的祕訣

這句愛情咒語也意味著：「人是無法改變的動物」，這是令人難過的事實。因為改變並不容易，而且需要勇氣。但是妳必須成為一個持續在改變的女性才行。請大家千萬不要變成隨口將「我改變不了」這句話掛在嘴邊的人。有魅力的人，都是能夠一直改變的人。

LOVE SPELL
105

我要揮別過去的人生，
現在是我的低潮期。

完全沉浸在失戀悲傷中
為下一次戀愛做好準備

＊ 用 法 ＊

和對方分手後，就對著自己的心念這句愛情咒語。

　　當悲傷湧上心頭，急著想快一點找到下一個男朋友時，縱使妳難以相信，但是最重要的還是要試著念出咒語。這會成為一種安慰。

　　妳心裡受到的傷害，遠超乎妳的想像。

　　請妳要明白一點。現在是妳休息的時候，並不是隨時都得談戀愛才行。請妳接受這種心情，好好休養身心。等到真的必須展開行動的時候，妳的心會傳送信號給妳。

✳ 魔 法 的 祕 密 ✳

說再見是件很痛苦的事。

無論在和朋友吃午餐、正在工作的時候、晚上沖澡時，突然想到就會悲從中來。

但是希望妳不要因此認為「忘不掉是不對的事」、「沒時間悲傷」、「要盡快談下一場戀愛」。

因為這恐怕是不可能的事。分手的傷害——妳的內心——並無法如此簡單痊癒。可是妳若一直覺得忘不了前男友是不對的事，每次想起他就會感到自責。遺憾就會變成依依不捨和執著。

重要的是，妳要「沉浸在悲傷之中」。

妳要澈底感受悲傷、完全陷入悲傷。我知道妳會很痛苦。但是為了下一次的戀愛——為了找回妳自己——這麼做是必要的。有一點非常重要，要讓妳的心切實感受到別離。請妳拿出勇氣體會失戀的悲傷。

·———— H I N T ————·

失戀後一切都消失了嗎？

就算失戀了，他還是不可能在妳心中消失。你們曾經分享了某段時期的時光及感情——所以這些奇跡會永存不朽。即便分手了，也不會歸零。妳不必將所有的一切視為浪費時間，因為妳並沒有失去。不要期盼愛能永遠，就像閃電一樣懷著一晚的記憶活下去，其實人生也可以這樣過喔！

LOVE SPELL
106

讓我們重新在一起。

240

正確朝著復合方向邁進

＊ 用 法 ＊

想要復合時，就在心裡念這句愛情咒語。

不是要妳朝著對方施展咒語，而是每次祈禱復合時，在妳的心裡念出來。讓軟弱的心情一吹而散，妳就能調整好心態做足復合的準備。

同時妳要想像一下，對著他施展咒語的模樣。

這時候出現在妳身邊的氛圍，就是促進復合的氛圍。妳是用怎樣的表情、怎樣的態度、如何施展咒語的呢？ —— 請妳好好感受一下。調整好心態，妳就懂得該往哪個方向努力。

✳ 魔 法 的 祕 密 ✳

和最愛的男朋友分手，妳一定會很難過。

茶不思飯不想，無心讀書或工作，也不想外出，覺得人生全毀了。有時候還會突然淚流滿面。妳會期盼復合也是理所當然之事。

此時往往會陷入「復合就是要低頭求他」的想法。

事實上這麼做只會離復合越來越遠。因為妳貶低了自己的價值。妳已變成不是他想主動追求──想要挽回的對象。

重要的是讓他說出「我想復合」這句話。

當然這是理想主義的論點。但是妳想要復合，就必須堅持這句愛情咒語的信念。不必由妳去死纏著他，應該是他主動想要復合才對。

想要朝著這個方向邁進，妳就必須做到這幾個重點。

----------------- H I N T -----------------

復合從療癒失戀的傷痛做起

復合是場長期抗戰，最少要有花費半年時間的心理準備。因為和對方分手之後，妳會體會到自由的滋味，接著又會感到寂寞。這不是單憑一股勁就能克服的事。復合雖然很重要，但是避免因失戀而灰心喪意也很重要。妳要好好休息，盡情玩樂，聽周遭的人開解，還要充分照顧妳傷痕累累的心。

LOVE SPELL
107

妳眞的想復合嗎？

審視自己內心

思考真心所求

✳ 用 法 ✳

想要復合的話，試著將這句愛情咒語念一次看看。

釐清妳是否真的想要復合。這不是文字遊戲也並非開玩笑。若妳考慮復合的話，首先必須試著思考一下。

特別是過去交往時妳真的很幸福嗎？ —— 他有愛過妳嗎？ —— 妳要試著想想這些問題。他有誠心誠意地對待妳，沒見面時妳也會感到很放心嗎？

如此一來，也許妳會發現，「其實妳並不想復合」、「仔細想想妳可能不應該復合」。

✷ 魔 法 的 祕 密 ✷

和對方分手肯定打擊很大。

為了逃避這種失戀打擊,「一心只想復合」也情有可原。

但是請妳冷靜下來,仔細想想是不是真心想復合。

事實上妳並不是想要復合,有可能只是過去被妳美化之後感到依依不捨,或是想要逃避失戀的痛苦、缺乏自信發展下一段感情,甚至是執著於過去付出的感情和時間而感到惋惜而已。

在妳心底早就發現他是個壞男人,應該就這樣離開他──只是有時候妳並不想要承認而已。

當然如果這樣妳還是想復合的話,我不會阻止妳。

只不過妳不能在這種心情下魯莽行事,先將這句咒語念出來,妳應該就會有所察覺了。了解自己的心情,才能進一步步上復合之路。

H I N T

復合是讓妳最幸福的方法嗎?

妳的目的並不是「復合」,應該是「得到幸福」才對。請妳試著去思考一下箇中差異。隨後妳也許就會察覺沒必要對他如此執著,就算復合了也不會得到幸福。當然也有人在復合之後過得很幸福──我希望妳也是如此。其實妳用任何方法都能得到幸福。希望妳能試著思考一下這方面的可能性。

不知道當時
他的心情如何？

想想對方的心情
尋求復合契機

✳ 用 法 ✳

一個人獨處，有時間的時候就念這句愛情咒語。

過去在交往期間，他是怎樣的心情呢？──妳讓他有什麼感覺呢？

如同搭上時光機，試著回想一下他說過的話，還有他的表情及行為等等。關鍵在於放下「妳的心情」，徹底想像「他的心情」。

我明白妳的心很痛。也許沒那麼容易承受。但是在這些傷痛過後，妳會更加成長，而且成功復合的機會正在等待著妳喔！

✻ 魔 法 的 祕 密 ✻

重要的是「他的心情」。

如果是妳想要復合的話，只要他的心意改變，很快就能破鏡重圓。總而言之，「復合的方法」其實就是「讓他改變心意的方法」。說穿了，這和妳與妳的心情一點關係也沒有。

不知道當時他的心情如何呢？

交往的當下 —— 直到分手為止 —— 他應該對妳說過「希望妳這樣改變」的話。也許是用開玩笑的方式說出來，也許是小心翼翼地向妳建議。

當妳無視他說過的話，或是予以反駁，而且不加以修正的時候，他就只能向妳提出分手了。

當然妳也有話想對他說，但是希望妳能先忍耐一下。現在要體諒他的感受，是時候朝著那個方向成長了。

H I N T

抒發心情只會復合失敗

沒有一個確實的方法，可以讓妳成功復合，但是卻有一定會讓妳復合失敗的方法。就是想打電話就打電話，一直發洩妳的心情任性妄為。在他眼中妳無視他的立場 —— 妳不懂他 —— 他肯定會有這種感覺。復合時最重要的，就是要減少像這樣害怕失敗的做法，因此才要念這句愛情咒語。

LOVE SPELL
109

我已經不是過去的我了，
我一直都在改變。

想要復合成功
要有勇氣改變

✳ 用 法 ✳

想要復合的話，就要每天念這句愛情咒語。

就像美容和化妝一樣，用這句話來每天磨練自己。當妳面臨挑戰不知所措時、深陷負面情緒影響時、覺得累了的時候，都可以施展這句咒語。

重要的是，要從過去的妳變成未來的妳。

讓自己振作起來吧！妳要明白一點，從妳下定決心復合的時候開始，妳就已經開始改變了。請妳好好感覺一下，妳會從過去的妳，開始出現怎樣的成長。

所以要選擇不會悶悶不樂，能讓妳做出改變的方向。

✳ 魔 法 的 祕 密 ✳

復合並不是「回到過去那樣的關係」。

會分手應該都是有原因的。假如這個原因沒有解決，便企圖強行修復關係的話，他會擔心「會不會又像以前那樣令人心煩」而打退堂鼓。即便能夠復合，他還是會覺得「妳一點都沒改變」，於是又因為相同原因而分手。

妳不妨改用另外一種想法，就是「重新建立關係」。

妳應該用嶄新的面貌，再次出現在他面前。讓他看到妳最完美的一面，才能再次燃起他的狩獵本能。也就是說，要讓他「重新愛上妳」。

妳要脫胎換骨，甚至要讓他驚覺妳已經反省過去「判若兩人」，經過失戀及反省後，最終使關係更深厚。

若想成為如此美滿的一對情侶，妳得先做到敢於說出「幸好當時分手了」這句話。

H I N T

妳早就擁有復合的武器

復合是在暗示妳一點事實，亦即「妳曾經是他喜歡的類型」。例如長相、個性、聊天的感覺、氣質 —— 因此你們才會在一起。所以妳完全符合他的喜好。坦白說妳有獨樹一格的特點，在其他女性身上是找不到的。只要妳重新挖掘，好好磨鍊，極有可能打動他的心，讓他說出「我還是喜歡妳」。

LOVE SPELL
110

過去老是強迫你 接受我的心情， 眞的很抱歉。

讓對方萌生復合的想法

＊ 用 法 ＊

聊到過去的往事時，就將這句愛情咒語念一遍。

不管是碰到面的時候，或是沒機會見面只能傳訊息也沒關係。但要避免長篇大論喋喋不休，否則對方會覺得妳只是想要發洩情緒。

妳要簡單扼要地，為「過去無法體諒他的心情，總是強迫他接受妳的想法而為難他」一事，向他道歉。

不要同時告訴他，妳想要復合，因為會讓他備感壓力。當下可以順勢改變話題，也可以問候他的近況。妳千萬不要想在這一天做出決定。

✳ 魔 法 的 祕 密 ✳

想要復合就必須「道歉」。

首先妳要忍住想說的話,必須先解除他的不安及疑慮。

妳應該已經了解哪部分會使他不耐煩。此外想必妳已經能夠修正這樣的自己,讓自己判若兩人充滿吸引力。

最重要的是要按照這種方式,澈底強調:「我已經脫胎換骨了!」

重點在於不是「單純口頭上道歉」,而要「讓他看到妳的作為」。

畢竟用說的誰都會。唯有真心反省後展現出來的表情、行為、氛圍,才能打動他的心。希望他原諒妳 —— 希望他懂妳,妳要像這樣向他展現出妳並不強求的態度。

H I N T

不可以讓對方發覺妳想復合

千萬不可以讓對方察覺妳想復合。從他的角度來看,既然隨時都能復合,不如暫時享受一下自由 —— 現在不想去考慮復合的事 —— 於是會做出這樣的決定。施展愛情咒語之後,妳只須盡力展現妳的魅力即可。別逼他復合,反而要讓他覺得妳會被其他男人搶走,這樣會更好喔!

LOVE SPELL
111

復合不過是人生的一段插曲。

貼近真正的自己
吸引真正的幸福

✳ 用 法 ✳

滿腦子都是對方的時候，就念這句愛情咒語。

復合畢竟是件大事，有時候事情難免無法如願進展。總是只想著他的話，心裡一定很痛苦。有時也許會覺得該做的事都沒做，只有時間一直在流逝。

這種時候妳更應該施展這句咒語。相信妳會有所領略，明白該如何走下去。此時妳只能想到什麼做什麼，並朝著這個方向邁進。未來復合一事 —— 甚至說不定 —— 會有讓妳更幸福的人在等待著妳。

✳ 魔 法 的 祕 密 ✳

我明白妳滿腦子只想著「復合」。

但若妳只為復合而活，實在太浪費生命了。人生還有家人、朋友、工作、興趣、旅行等許多快樂的事情，也會認識其他的對象。

妳的人生會一直前進，與復合毫無關係。

妳要了解這一點。不管發生什麼事，妳都必須享受妳的人生。所以妳一定要讓人生過得充實，而且成為充滿魅力的女性—— 這才是妳人生的主要課題。

復合不過是附帶的插曲。

當妳好好地過日子，變得極有魅力之後，某一天，就像附屬贈品一樣，他會在妳已經遺忘的時候向妳提出：「跟我復合吧！」

請妳一定要為自己活出妳的人生故事！

─── H I N T ───

也要樂於認識其他男性

試著和其他男性來往吧！除了戀愛之外，還有其他交朋友的方式。或許妳可以結交一群男性友人，找他們商量復合的事。相信妳可以從男性的觀點，學習到許多事情。請妳不要對愛情感到迷惘，以此為藉口不再充實妳的人生。如果妳很想復合的話，更應該以此為動力讓人生光彩奪目。

手握這本魔法書的人生竟如此閃耀

看完這本為妳而寫的「魔法書」，有何感想呢？

本書的111句愛情咒語，每一句都能讓妳的愛情像千錘百鍊後的寶石一樣閃閃動人。或許妳已經讓愛情成真，正在為111句愛情咒語的效果感到驚為天人也說不定。

施展愛情咒語之後，一定會發生令妳意想不到心跳加速的事情。請妳一定要好好感受全新的人生。

4項魔法建議
讓妳更能抓住對方的心

Ⅰ ｜ 不順利的時候重複多念幾次

相信有時候妳已經施展了愛情咒語，對方的反應卻不如預期。例如不願意回答問題、沒有得到想要的答案、看起來不感興趣等等。

這種時候請妳將這本書重讀一次，還要參考其他篇幅的內容。無論遇到什麼問題，妳一定都會有辦法解決。請妳不要放棄，一定要好好翻閱這本書。

2 | 戀愛的祕訣就是做足準備

妳要養成習慣，就是利用愛情咒語「事先想好溝通流程」。比方說在哪裡碰面，如何進行對話，最後要達到什麼目的，這樣肯定會對妳有幫助。還要預想可能發生哪些問題或遭遇哪些挫折，甚至要思考因應這些情況的方法才為上策。如此戀愛就不會讓人感到害怕了！

3 | 讓妳更有魅力

不要總是過度依賴愛情咒語。若要增加妳的魅力，妳就要勇於挑戰所有事情。從練習化妝，到培養時尚品味，愛情就會越來越容易實現。

4 | 目標是創造專屬於妳的愛情咒語

學習每一句愛情咒語再施展出來，不知不覺中妳就會懂得戀愛的正確觀念。無論遇到什麼情況，相信妳都能創造出專屬於妳的愛情咒語。

假如妳感到遲疑，「不知道這種場合該如何是好」的時候，請妳試著在心中思考一下。此時內心浮現的台詞就是正確答案。妳要拿出勇氣，將專屬於妳的愛情咒語施展出來！

獻給妳永不消失的魔法

本書是為了「讓妳的愛情如魔法般實現」而寫。

人不管到了幾歲，都會覺得談戀愛很困難，不僅複雜，還會讓人不知所措。於是 —— 希望魔法師出現，最好能瞬間帶妳進入另一種人生。

為了將魔法帶到這樣的妳身邊，讓妳明白這個世界只要更勇敢地面對挑戰，美麗世界給妳的回報將堪比寶石般珍貴 —— 誠如小時候深信不疑的一樣 —— 於是我寫下了這本與眾不同的書。

當然魔法裡存在著祕密。

眾所周知，愛情咒語其實就是心理學。總而言之只要對方是人類 —— 包含妳現在心裡的那個人 —— 無論對誰都會發揮效果。

所以說不定，妳並不是現在正在串接文字的我所想像的那樣，而是在更久遠的未來 —— 譬如在100年後的古董店裡發現布滿塵埃的這本書 —— 偶然讓妳握在手中，翻開到這一頁。

相信本書介紹的111句愛情咒語，一定能助妳一臂之力。

不被時代左右、運用一般心理學—我就是打算寫出這樣的一本書。

書本這種形態實在很有意思，所以我根本無法想像，妳會在哪個時代、哪個國家，閱讀到這本書。

但是唯獨一點，希望妳一定要相信。

無論妳生在哪一個時代，在哪一個國度感到煩惱，一定都會得到幸福。

至少—在妳難以置信的時候—請妳一定要相信努力創造魔法的人，就深藏在這本書中，想為妳帶來幸福。

嘿！正在看這本書的妳。
妳聽見了嗎？

意想不到的是，人生根本不需要放棄。請妳一定要試著將愛情咒語施展出來。神奇的事情即將展開。

2022年9月14日　淺田悠介

YUSUKE ASADA

淺田悠介

魔術＆戀愛專欄作家。19歲便在魔術最高殿堂「The JAPAN CUP 2010」中榮獲評審團特別獎。由他獨創的魔術技巧更登上了美國專業雜誌「MAGIC」。日本催眠心理協會認證催眠治療師。榮獲歌舞伎町文學獎特別獎。SNS追蹤人數達25萬人（截至2022年10月）。

充分運用心理學及生物學，從事獨門技術、戀愛心理學的研究。依據此研究創作的戀愛專欄，在針對女性的網路媒體上累計高達1000萬點閱率。著有《為了被人所愛，我開始了一場實驗。》（已被改編成同名漫畫）、《宇宙が終わるまでに恋したい》（皆由KADOKAWA出版）。

LOVE SPELL KOI WO KANAERU MAHO NO PHRASE 111
Copyright © 2022 Yusuke Asada
Chinese translation rights in complex characters arranged with
MAGAZINE HOUSE Co., LTD.
through Japan UNI Agency, Inc., Tokyo

戀愛魔法
111條實現戀情的戀愛哲學

出　　　版／楓樹林出版事業有限公司
地　　　址／新北市板橋區信義路163巷3號10樓
郵 政 劃 撥／19907596　楓書坊文化出版社
網　　　址／www.maplebook.com.tw
電　　　話／02-2957-6096
傳　　　真／02-2957-6435
作　　　者／淺田悠介
翻　　　譯／蔡麗蓉
責 任 編 輯／周佳薇
校　　　對／周季瑩
港 澳 經 銷／泛華發行代理有限公司
定　　　價／380元
出 版 日 期／2023年5月

國家圖書館出版品預行編目資料

戀愛魔法：111條實現戀情的戀愛哲學 / 淺田悠
介作；蔡麗蓉譯. -- 初版. -- 新北市：楓樹林出
版事業有限公司, 2023.05　面；　公分
ISBN　978-626-7218-59-4（平裝）

1. 戀愛心理學

544.37　　　　　　　　　　　　　112004026